Otimizar a Vida

Albert Figueras

Otimizar a Vida
Códigos para reconhecer a felicidade

Tradução
Sandra Martha Dolinsky

Copyright © Albert Figueras, 2006
Título original: Optimizar la vida

Preparação e revisão: Tulio Kawata
Diagramação: Nobuca Rachi

Dados Internacionais de Catalogação na Publicação (CIP)
(Câmara Brasileira do Livro, SP, Brasil)

Figueras, Albert
  Otimizar a vida : códigos para reconhecer a felicidade / Albert Figueras ; tradução Sandra Martha Dolinsky. – São Paulo : Editora Planeta do Brasil, 2007.

  Título original: Optimizar la vida.
  ISBN 978-85-7665-232-8

  1. Auto-ajuda – Técnicas 2. Conduta de vida
  3. Felicidade 4. Mente e corpo 5. Otimismo I. Título.

  06-9039   CDD-158.1

Índices para catálogo sistemático:
1. Otimismo e felicidade : Psicologia aplicada   158.1

2007
Todos os direitos desta edição reservados à
Editora Academia de Inteligência

vendas@editoraplaneta.com.br

Sumário

Prólogo: o milagre velado e o olhar que cura
de Álex Rovira 9

Epílogo (para começar) 13

CAPÍTULO 1
O efeito fermento 17
   1. *Lei de vida* 17
   2. *A tétrica dama da foice* 22
      Referências 28

CAPÍTULO 2
Sobre a natureza escorregadia das metas 31
   1. *Conto do turista investidor* 31
   2. *Um pouco de perspectiva* 35
   3. *O grande vazio* 40
   4. *Dinheiro e bem-estar, sempre de mãos dadas?* 44
      Sobre o sonho de ganhar na loteria e outras
         falácias 47
      A fábrica dos desejos 49
   5. *Os outros* 53
   6. *A magnitude do espelho* 55

        Todas Barbies?   59
        Mundo obeso   60
7. *O estranho ímã do poder*   63
        Do PODER aos micropoderes   65
8. *Um fantasma de sombra alongada chamado Medo*   69
9. *O culto ao supersônico*   76
10. *Eros, em três dimensões e em cores*   85
    Referências   90

CAPÍTULO 3
Da porta para dentro   95
1. *Topografia íntima*   98
    A brecha intransponível entre realidade e percepção   102
    Os três cérebros   109
    Homeostase, reflexos e comportamentos adquiridos   116
    As duas faces da memória   118
    O estresse nosso de cada dia   120
    A difícil adaptação   124
2. *O laboratório interno*   127
    Tempestades e secas   132
    Og e Smog   136
    Benzodiazepinas e ansiedade   138
    Serotonina e prazer   139
    Dopamina: Jano bifronte   141
    Opióides, endorfinas e morfina: cérebros dopados?   143
    E um longo (e excitante) *et cetera*   149
    Referências   155

Capítulo 4
O copo da discórdia   161
  1. *Sobre a felicidade, o bem-estar e o otimismo*   163
     Por que ser otimista é saudável?   168
     Otimismo e saúde. Alguns exemplos clínicos   173
  2. *Ginástica para otimistas*   183
     Deter Smog   189
     Esperar as ondas de costas   195
     Amar, ouvir música e comer chocolate   198

Introdução (à vida)   203
  Referências   206

Agradecimentos   212

Prólogo:
o milagre velado e o olhar que cura

Vivemos cercados de milagres que muito freqüentemente, absortos em nós mesmos, não reconhecemos. Milagres que nascem da ternura, da esperança, da entrega, da coragem, da compaixão, do perdão, do otimismo. Milagres que estão por todos os lados, são miríades, mas ocultos do olhar pessimista e estressado: o carinho da pessoa amada, o sorriso de quem não tem nada, a coragem do audaz, a força de quem cai e se levanta, a mão que acaricia a dor. Exercícios cotidianos cheios de sentido que nascem às vezes espontaneamente, às vezes por um ato de vontade. Atos que são um canto permanente à esperança, que acompanham nossas vidas, mas que são calados pelo barulho do celular que não pára, da tevê que não se cala, do *e-mail* que apita com abundantes e inúteis *spams*, e por tantas fontes de ruído que parecem pretender nos afastar do essencial.

Nesse entorno, é um privilégio que, de vez em quando, tenhamos a oportunidade de tomar consciência desses milagres graças à palavra do amigo cujo olhar sábio, lúcido, sistemático e rico em matizes toma forma de livro gentil e curador. Porque, além do contundente rigor de Albert Figueras nesta obra, de sua impressionante demonstração de sabedoria com humildade, paira um singular e necessário olhar sobre o mundo e sobre o ser humano. Olhar recolhido na mistura de pensamentos procedentes de origens bem diferentes: ao argumento científico soma-se a analogia precisa que só o bom poeta sabe encontrar. À observação do ato cotidiano cheio de conotações culturais acrescenta-se a explicação antropológica de sua gênese. A citação do sábio vem ao lado de explicações de caráter científico facilmente acessíveis ao leigo. E tudo isso temperado com o presente pouco freqüente da imagem captada pelo olhar terno e lúcido de Albert. Instantâneos que expressam mais que centenas de palavras e que dão a este livro uma personalidade extremamente atraente.

Lendo determinadas partes deste extraordinário livro veio-me à cabeça o pensamento de que, apesar de nossa fragilidade e insignificância, e do caráter efêmero da existência, sabendo que a velhice e a morte são o destino inevitável, resta-nos sempre a vontade de encontrar um sentido para a vida e de vivê-la com dignidade, com paixão, com lucidez, com otimismo. Talvez tenhamos não apenas o direito, mas a obrigação de aspirar à alegria mais do que à tristeza e de agir mais do que desistir. Porque, se a vida é uma viagem cujos dias estão contados, pelo menos estendamos o tempo que viveremos dando-lhe a qualidade que nasce da esperança lúcida, que combina consciência com entrega e vontade de entender. Delas nasce a ação necessária que encarna o bem comum e o amor que, pelo menos no mundo interno de cada pessoa, tudo pode vencer.

Albert também me fez refletir sobre algo que constato a cada dia com maior nitidez: a idéia cada vez mais difundida de que existem fórmulas rápidas e infalíveis para obter gratificação e evitar o exercício das forças e virtudes pessoais que dão lugar a isso que se chama de otimismo em uma sociedade de grande consumo, onde a pílula, o videogame ou o controle remoto são alguns dos ícones do "poder sem esforço". Assim, o resultado é inevitável: uma pandemia de depressão em adultos e crianças vai se estendendo por todos os países desenvolvidos, levando milhões de pessoas a engolirem no café de cada manhã uma pílula de Prozac para sobreviver a esse dia em um entorno de riqueza material abundante, mas de progressiva depauperação espiritual.

 O dr. Martin Seligman, provavelmente o maior especialista contemporâneo em otimismo, afirma que os otimistas contam com uma força que lhes permite interpretar seus contratempos como algo superável, próprio de um problema específico e provocado por circunstâncias temporárias ou por outras pessoas. Seligman defende, com base em suas amplas pesquisas, que os pessimistas têm oito vezes mais possibilidades de se deprimir quando acontecem contratempos; seu rendimento nos estudos é pior, assim como nos esportes e na maioria dos trabalhos que forem capazes de desenvolver; gozam de menos saúde física e de uma vida mais curta; mantêm relações interpessoais mais instáveis, entre outras variáveis. Albert complementa com seus próprios argumentos muitas das abordagens do dr. Seligman. Tal é seu conhecimento nesse sentido que não seria arriscado afirmar que Albert Figueras é, hoje, talvez o maior especialista europeu nesta matéria.

 E eis que não há futuro sem esperança, sem ação coerente, sem vontade de entender, sem o otimismo que nasce da lucidez. Por isso, talvez milagrosa ou sobrenatural não seja a idéia de Deus, mas a capacidade do ser humano de amar, de se entregar e de não se resignar. O milagre nasce constantemente em cada ser humano que decide dar sentido à vida no exercício do otimismo lúcido, que vai além de si mesmo e que busca o bem comum.

Por tudo isso, é um privilégio que um bom amigo como Albert nos explique muitos dos milagres da vida com rigor, sabedoria, generosidade e uma extraordinária capacidade pedagógica. Esse é outro grande milagre, o que nasce de seu olhar à vida: um olhar que cura.

Obrigado por seu olhar, Albert, de todo o coração.

ÁLEX ROVIRA CELMA

Epílogo (para começar)

Comecemos pelo final. Comecemos pela morte. Poderíamos pensar que diante do fim sem retorno das funções vitais de um ser humano só há uma atitude possível. Nada mais longe da verdade: os funerais são celebrados com pranto, mas também com música alegre; veremos, depois, alguns exemplos.

E se a morte tem tantas interpretações e é vivida de maneiras tão diferentes, o que não dizer dos múltiplos e variados aspectos da vida em todo seu esplendor? As gradações são infinitas. Por isso, não nos deve surpreender constatar que algumas pessoas já vêem o copo meio vazio enquanto outros ainda o vêem meio cheio.

Se retrocedermos um pouco para contemplar o quadro com maior perspectiva, poderemos averiguar *por que* um mesmo copo pode ser percebido de duas maneiras — não só diferentes, mas opostas. A vida consiste em respostas e atitudes. O ser humano age em conseqüência de impulsos e motivações poderosos: dinheiro, sexo, aparências, medo.

Essas motivações são como uma corrente que arrasta o veleiro, modifica seu rumo ou, ao contrário, o impulsiona, dando-lhe maior velocidade. Algumas pessoas são capazes de se lançar ao vazio só para desafiar a força da gravidade; outras vivem somente para economizar dinheiro suficiente para pagar a tevê de plasma, o carro esporte ou a cirurgia estética.

Existe um *centro de controle* — uma CPU, fazendo uma analogia informática. O cérebro percebe o mundo externo e interno por meio dos órgãos dos sentidos, interpreta a informação segundo as experiências prévias e as lembranças e organiza uma resposta matizada pelo peso relativo dessas motivações e pela personalidade de cada um.

Em todo esse processo entrecruzam-se ondas de hormônios, neurotransmissores e outras substâncias *dopantes* que nosso laboratório interior elabora (como corticóides, morfina ou moléculas parecidas com a *cannabis*). São a base para que sintamos bem-estar, angústia, paixão, medo, prazer, dor ou felicidade. E para que vejamos a vida de uma maneira muito positiva, ou nem tanto.

Nesse *tour* pelos caminhos neuronais, analisaremos as últimas descobertas científicas sobre o funcionamento do pensamento. Também nos referiremos à estreita relação entre o cérebro e os outros órgãos do corpo humano (como o aparelho digestivo ou os sistemas cardiovascular e imunológico).

Estudos que acompanharam grupos de pessoas durante toda sua vida chegaram à conclusão de que quem tem uma atitude positiva vive mais. Ou que pessoas com tendência à hostilidade correm um risco maior de padecer de doenças cardiovasculares. Por outro lado, os otimistas não apenas têm saúde melhor, como também costumam ter uma resposta melhor diante de problemas graves.

Se, como diz a linguagem popular, sofrer certas doenças é questão de loteria, algumas atitudes vitais negativas só servem para ir acumulando mais volantes.

E o começo (que é o fim)?

Todos levamos uma vida agitada, estressada e "turbinada". Parece a única maneira de poder responder às necessidades e motivações dessa voragem social do começo do século XXI. Talvez seja o momento de integrar os novos conhecimentos científicos a uma visão humanizada da sociedade atual, acima de dogmas políticos, religiosos ou econômicos.

Façamos um experimento simples: dividamos um disco de papelão em sete porções iguais e pintemos de uma cor diferente cada uma das porções (as cores do arco-íris, sem branco nem preto). Coloquemos o disco sobre um pião e apliquemos um impulso. Quando o disco girar depressa só perceberemos uma cor: o branco. A vida turbinada é como o pião girando a grande velocidade. Se quisermos ver os detalhes, as cores — a realidade —, o pião terá que girar a pouca velocidade ou parar.

Para viver de maneira consciente, intensa e com sentido, é necessário compreender a percepção e as respostas neurológicas humanas (por isso a necessidade de mergulharmos no que a ciência explica).

Dar tempo ao tempo — o extraordinário *presente* de poder viver o tempo presente.

Aprender a nadar sem medo em nosso mar de incertezas — em vez de ceder cegamente às provocações e querer comprar falsa segurança a qualquer preço.

Amar, comer chocolate, ouvir música ou parar de espiar o vizinho pela janela.

E, acima de tudo, saber que a felicidade NÃO é nenhum destino ao qual se chega viajando. A felicidade é só um adjetivo. A felicidade é essa sensação que temos — mais freqüentemente do que pensamos — durante a extraordinária viagem que é a vida. O problema é que estamos tão obcecados, que muitas vezes nem a percebemos. Basta querer.

ALBERT FIGUERAS
Vilassar de Mar — Juréia, 2006

Para poder chegar à Lua, a humanidade teve que conhecer primeiro a força da gravidade; isso não significa que esta tenha deixado de existir, mas que pode ser dominada.

Do mesmo modo, enquanto a humanidade não difundir, tanto quanto possível, entre todos os habitantes do planeta, a maneira como nosso cérebro funciona e o modo como o utilizamos, e enquanto não soubermos que sempre foi utilizado para dominar os outros, há poucas possibilidades de as coisas mudarem.

H. Laborit em *Meu tio da América*,
filme dirigido por A. Resnais (1980).

Capítulo 1
O efeito fermento

1. Lei de vida

*Os seres vivos nascem, crescem,
reproduzem-se e morrem*
Livro escolar de Ciências Naturais, 1966

Granada é uma aprazível cidade colonial da Nicarágua que se estende junto a uma das margens do enorme lago Cocibolca. Como todos os povoados e cidades da região, tem um parque central delimitado pela igreja, a prefeitura e as casas das famílias mais endinheiradas do lugar.

Aos sábados e domingos, o parque central é especialmente barulhento. Lá se reúnem crianças que brincam de bola ou andam de bicicleta, adolescentes apaixonados nos bancos e idosos envolvidos em suas discussões. Enquanto isso, os engraxates pululam com suas caixas de escovas e graxas tentando ganhar alguns córdobas* engraxando os sapatos dos transeuntes.

---

* Unidade monetária nicaragüense. (N. da T.)

Os freqüentadores tomam *tiste** de milho ou raspadinha de morango e comem *vigorón* nos quiosques, ao mesmo tempo que contemplam os acontecimentos do dia. Um casamento. Um desfile militar com fanfarra. Ou o alegre corre-corre dos pequenos, com seus bolsos cheios de balas que lhes são dadas de presente quando vão cantar nas casas à Virgem no dia da Puríssima.

Num sábado de dezembro, enquanto atravessávamos o parque central para ir até o hotel, onde tínhamos uma reunião, percebi que reinava um silêncio estranho. Um instante depois, ouvi o lento soar dos sinos da catedral e, ao voltar a cabeça naquela direção, vi meia centena de pessoas que se aglomeravam, circunspetas, junto a uma carruagem fúnebre.

Era uma carruagem de madeira preta, brilhante, com sóbrios apliques torneados. O vidro das janelas estava coberto com

Uma maneira de enfrentar a morte: carruagem fúnebre no parque central de Granada (Nicarágua). Fotografia: Mabel Valsecia.

---

* Refresco feito de farinha de milho, cacau, urucum e açúcar, típico da América Central. (N. da T.)

pequenas cortinas brancas que impediam a visão do ataúde depositado em seu interior. Era puxada por dois cavalos, um preto e outro baio, ambos com as ancas totalmente cobertas por uma malha branca. O cocheiro, de rosto severo, usava terno cinza-escuro de flanela e cartola, apesar do intenso mormaço.

O séquito que acompanhava o defunto afastou-se por uma ruela lateral em direção ao cemitério, seguindo em silêncio respeitoso a carruagem que abria passagem por entre a agitação da vida do centro urbano em um sábado próximo ao Natal.

Mas este livro não tratava do otimismo e da vida?

Tem razão. Logo tomaremos o rumo prometido. De qualquer maneira, lembre-se de que havíamos nos proposto a começar pelo final, não é?

Mabel Valsecia é uma das colegas que participa do projeto para reduzir as complicações do parto que havia me levado até a Nicarágua. Enquanto contemplávamos o passar do cortejo fúnebre, contou-me uma história: seu pai era fotógrafo na cidade de Corrientes (nordeste da Argentina), uma terra quente e fértil, separada do Paraguai pelo caudaloso rio Paraná. Na década de 1960, percorria a província para retratar as pessoas do campo que solicitavam seus serviços; além das fotografias tradicionais, encomendavam-lhe fotos das pessoas que faleciam. Difundira-se o costume de guardar a última imagem do falecido dentro do ataúde. De certo modo, essas fotografias garantiam a lembrança viva de um acontecimento histórico e importante para a família.

O costume da fotografia funerária — que posteriormente encontrei documentado em outros lugares, como México, Peru ou o estado da Louisiana[1] —, praticava-se tanto com crianças como com adultos, mas era especialmente popular com os chamados "anjinhos", os recém-nascidos que morriam antes de ser batizados. Esses funerais incluíam uma festa com música típica para fazer sua alma branca chegar ao céu. "É um ritual ainda praticado em algumas regiões do norte, e não se chora", pontuou Mabel.

Essa referência à música nos funerais me recordou uma coisa que havia lido muitos anos atrás. Na Nova Orleans do começo do século XX, quando começavam a surgir as bandas de jazz em uma cidade que herdara as tradições de seu recente passado colonial, os enterros eram acontecimentos sociais muito concorridos.

Além de um ritmo novo e revolucionário que representou um marco sobre o qual toda a música moderna se desenvolveu, a cidade tinha uma maneira peculiar de se despedir dos que morriam. O trompetista Louis Armstrong descreve isso detalhadamente em sua autobiografia:

> Quando enterraram Arthur, todos participamos da vaquinha e alugamos uma banda, para que tocasse no funeral [...].
>
> Em Nova Orleans, os funerais são tristes até que o corpo é depositado na terra e o reverendo diz: "Do pó viestes, ao pó retornareis". Quando o morto já está a dois metros debaixo da terra, a banda começa a tocar uma daquelas baladas alegres, como *Didn't he ramble*. Então, todo o mundo se esquecia de suas preocupações, principalmente quando King Oliver tocava a última parte em tons agudos.

Assim que a orquestra começava a tocar, todos dançavam de um lado para o outro da rua, principalmente aqueles que se haviam juntado à comitiva seguindo os que assistiam ao enterro.[2]

Esse testemunho dos costumes para se despedir dos falecidos em Nova Orleans mostra um aspecto da percepção da morte que pode parecer um oximoro: os músicos *celebravam a vida do falecido* — o que foi e o que representou. E o faziam mudando o *tempo* musical abruptamente, quando já se haviam afastado um pouco do cemitério.

Naquela tarde de dezembro em Granada comentei com Mabel essas reflexões sobre a morte, seu significado e as diferenças entre os ritos funerários nas diferentes comunidades humanas, justamente enquanto estava organizando as idéias para escrever este livro sobre a visão positiva da vida e suas conseqüências sobre a saúde.

Do ponto de vista científico, a morte é a última coisa que acontece ao ser vivo, porque é o momento em que, por definição, suas funções fisiológicas cessam, deixa de ter futuro e não há volta possível. Nas palavras do filósofo alemão Erich Fromm:

A vida significa mudança constante, nascimento permanente.
A morte significa deixar de crescer, ancilose, repetição.[3]

Para a pessoa, sua própria morte significa o fim da vida; para quem a cerca, significa um adeus. Portanto, partamos da hipótese inicial de que "a morte é a pior coisa que pode acontecer ao ser vivo". *A priori*, em uma escala em que "10" fosse a melhor coisa que pode acontecer a alguém e "0" fosse reservado para a pior, muito provavelmente à morte outorgaríamos um "0", para garantir que seja relegada ao último lugar. Até mesmo nos atreveríamos a dizer que essa visão talvez seja universal.

Mas é realmente assim?

Parece que não.

Ou, pelo menos, não sempre. Por esse motivo, interessei-me pelos três rituais para receber a morte que me chegaram de forma encadeada nessa tarde de sábado em Granada: a carruagem nicaragüense fúnebre e silenciosa, o costume argentino de fotografar os defuntos no ataúde e a música alegre e maluca após o enterro em Nova Orleans. A resposta do ser humano é rica e variada, mesmo diante do que representa o fim biológico e inexorável da vida.

2. A tétrica dama da foice

A morte, aquela que em alguns lugares é representada por um esqueleto armado com uma afiada foice e vestido com um hábito preto e capuz.

A morte, aquela do hálito gélido.

Ao voltar a Barcelona, procurei informações adicionais sobre outros rituais funerários, outras maneiras de viver ou de explicar a morte. Naturalmente, diante do falecimento de uma pessoa próxima, as crenças religiosas e a certeza da existência de um "além" imaginado de maneiras diferentes complementam-se com o ritual externo da comunidade à qual o falecido pertencia. E parece que essas manifestações e comportamentos são tão variados quanto os próprios grupos humanos.

As diferenças culturais de comportamento diante da ansiedade gerada pela morte foram objeto de vários estudos. Um deles comparou a obsessão pela morte em quase 2 mil estudantes voluntários de quatro países árabes (Egito, Kuwait, Líbano e Síria) com oitocentos estudantes britânicos, espanhóis e norte-americanos. O resultado mostrou claramente que a ansiedade e a obsessão pela morte eram significativamente maiores entre as comunidades árabes,[4] o que corrobora essas diferenças.

Uma das lembranças mais vivas que guardo das excursões escolares é de uma visita ao museu arqueológico de Barcelona, onde havia a reprodução de uma sepultura ibera. Tratava-se de uma espécie de vasilha de barro disposta horizontalmente e semi-enterrada na areia do diorama. A parte superior tinha buracos para que se pudesse apreciar o suposto esqueleto do defunto, que havia sido enterrado no pequeno espaço com os joelhos dobrados. Junto ao esqueleto havia uns jarros que, segundo a professora, eram colocados lá cheios de alimentos e moedas "para que não lhe faltasse nada durante a *viagem*".

A idéia de "passagem", do trânsito entre a vida biológica e a *outra* existência, assim como a crença na "continuação" — ou a esperança de que a morte não seja o *fim* em toda sua crueza — estimulou a imaginação do ser humano de maneiras diferentes.

Há alguns anos, Elard Quispe guiou-me pelas salas do Museo de la Nación de Lima, onde há uma impressionante reprodução em tamanho real da tumba do Senhor de Sipán, um nobre mochica enterrado com ricas vestes e jóias de ouro, além de alimentos e outras riquezas. O curioso é que na tumba também colocaram — vivos — seus cães e seus escravos.

Porém, para outras culturas, essa *viagem* tem conotações diferentes. Em algumas regiões da Índia e do Paquistão, por exemplo, temem que o falecido possa voltar e, para evitar isso, o corpo é retirado não pela porta da casa, mas por um buraco aberto na parede, que é fechado imediatamente depois; além disso, voltam do lugar onde depositaram o cadáver por um caminho diferente ao da ida. Em outras regiões, esses artifícios têm uma finalidade diferente: evitar que a felicidade do lar *fuja* junto com o cadáver.[5]

Um exemplo contraposto a esse afastamento são os rituais dos himbas do norte da Namíbia, uma comunidade conhecida no estrangeiro principalmente porque as mulheres protegem o corpo seminu com uma mistura de gordura e um pó avermelhado que lhes confere uma aparência bastante chamativa. Um dos rituais funerários himbas chama-se *Okoruwo* ("do fogo"): o fogo garante o contato entre os vivos e os mortos, coisa essencial para uma vida em harmonia e para manter os ancestrais felizes. A família dança perto do fogo enquanto vela o falecido durante toda a noite e, antes de sepultá-lo, dizem-lhe: *karepo nawa* (algo assim como "boa sorte, amigo!"). Com isso a paz espiritual volta ao povoado.[6]

Poderíamos prosseguir essa curiosa viagem de mãos dadas com Tânatos, mas correríamos o risco de nos afastar excessivamente do objetivo desta reflexão acerca da percepção da morte.

Se algo aparentemente objetivo e derradeiro como a morte dá lugar a um sem-número de comportamentos frutos de tão variadas interpretações, o que dizer da vida e seus riquíssimos matizes?

Interpretações, nas duas acepções da palavra: dramatização e leitura. A *dramatização* — o ritual que acompanha o falecido — e a *leitura* que fazemos desse ponto final.

Tudo parece indicar que a existência dos seres vivos — portanto, também de cada ser humano — atende aos requisitos expressos tão laconicamente na citação que abre esta introdução.

Efetivamente, os seres vivos nascem, crescem, reproduzem-se e morrem. Mas esses quatro verbos estão repletos de segundos, minutos, horas, dias e anos.

E cada um deles tem uma essência singular, memorável.

Cada um deles vai constituindo uma existência mais ou menos dilatada, um quebra-cabeça gigante de instantes muito bons e instantes nem tão bons assim.

O romance *Desvarios no Brooklyn*, do escritor nova-iorquino Paul Auster, começa com um parágrafo que o torna enormemente atraente desde o primeiro alento:

> Procurava um lugar tranquilo para morrer. Alguém me recomendou o Brooklyn, de modo que na manhã seguinte fui de Westchester até lá para dar uma olhada no terreno.[7]

Porém, no Brooklyn, um Nathan doente de câncer de pulmão, divorciado e com uma filha única que não fala com ele, encontrará seu sobrinho Tom e a pequena Lucy em um ambiente repleto de paixão e vida. Cheio de histórias que se multiplicam, como as bonecas russas.

Tudo é relativo. Há alguns anos, a banda de música pop Jarabe de Palo fez sucesso com uma canção intitulada *Depende*. A segunda estrofe diz:

> Que aquí estamos de prestao,
> que el cielo está nublao,
> que uno nace y después muere
> y este cuento se ha acabao.
> Depende.
> Depende ¿De qué depende?
> De según como se mire, todo depende.*

Apesar do que parece até o momento, este não é um livro sobre a morte, mas sobre a vida. E, apesar da frase fatalista sobre o destino de todo ser vivo que me ensinaram quando eu tinha seis anos, com o tempo aprendi que é apenas fruto de um recurso chamado "síntese".

Nascer, crescer, reproduzir-se e morrer... resumem muitas coisas essas quatro palavras.

A realidade da vida consiste em estender, saborear, degustar, superar, opor-se e experimentar cada um desses quatro verbos tanto quanto possível.

---

* Aqui estamos por empréstimo,/ o céu está nublado,/ a gente nasce e depois morre/ e este conto acabou./ Depende./ Depende, depende de quê?/ Do modo como se olha, tudo depende. (N. da T.)

Nas palavras de Erich Fromm:

*Morrer é amargo, mas a idéia de morrer
sem ter vivido é insuportável.*[3]

Talvez viver seja conseguir o "efeito fermento" na vida, do mesmo modo que esse fermento proporciona esponjosidade e volume ao pão. Expandir a vida, vivendo-a, tornando-a plena sem se precipitar nem queimar etapas. Naturalmente uma vida com algumas situações perturbadoras ou tristes, mas também com milhares de instantes positivos. Uma vida dilatada, diante da obrigatória síntese dessas lições introdutórias de ciências naturais.

Uma vida tanto mais subjetivamente prolongada quanto mais nos aproximarmos dos preceitos de *ralenti* que reclama o imprescindível ensaio *Devagar*, de Carl Honoré.[8]

Uma vida tanto mais repleta quanto mais próxima da experimentação e da exploração propostas pelo cartaginês Terêncio há mais de 2 mil anos em sua máxima:

Homo sum: humani nihil a me alienum puto. *

Indubitavelmente, viver e ter consciência do tempo que vivemos são dois princípios que contribuem para uma visão otimista da existência, e permitem que esta seja percebida com um grau de felicidade aceitável.

A pergunta central que tentaremos responder neste livro é se o otimismo é *bom* para a saúde.

---

* Sou homem, e nada do que é humano me parece estranho.

Para encontrar a resposta, proponho uma viagem com três estações intermediárias.

Em primeiro lugar, deter-nos-emos no animal humano como espécie gregária que vive em sociedade; procuraremos compreender o que o motiva, quais são as molas propulsoras de seu comportamento e como tenta satisfazer seus impulsos e necessidades.

A seguir, vamos nos aproximar das áreas do cérebro envolvidas na percepção sensorial, nas respostas automáticas e no pensamento abstrato — o verdadeiro centro de operações que modula essas motivações e estabelece as respostas e comportamentos de cada indivíduo.

Um mergulho final entre os neurônios esclarecerá quais são os transmissores químicos que facilitam essas respostas, que nos fazem sentir bem quando conquistamos nossos desejos, nos deixam ansiosos diante da incerteza, ou melancólicos quando fracassamos.

Eis como uma ligação telefônica que não chega, um pôr do sol maravilhoso, o sucesso de um filho traduzem-se em impulsos químicos que, por sua vez, podem ter efeitos às vezes bastante benéficos e às vezes nocivos à saúde.

Referências

1. RAMÍREZ, L. La vida fugaz de la fotografía mortuoria. Notas sobre su surgimiento y desaparición. *Relaciones (Méx.)*, 2003, 24:163-198.
2. ARMSTRONG, L. *Mi vida en Nueva Orleans*. Barcelona: Plaza y Janés, 1960.

3. FROMM, E. *La atracción de la vida*: aforismos y opiniones. Barcelona: Paidós, 2003.
4. ABDEL-KHALEK, A. M. Death obsession in Arabic and Western countries. *Psychol Rep* 2005, 97:138-140.
5. GARCÍA-HERNÁNDEZ, M. *Ritos funerarios*. Universidad de La Laguna, 2001. Acesso web: http://www.tanatologia.org/culturas.html (janeiro de 2006).
6. WHOQOL SRPB Group. A cross-cultural study of spirituality religion, and personal beliefs as components of quality of life. *Social Science and Medicine* 2006, 62:1486-97.
7. AUSTER, P. *Brooklyn Follies*. Londres: Faber and Faber, 2005. [Edição brasileira: *Desvarios no Brooklyn*. São Paulo: Companhia das Letras, 2005.]
8. HONORÉ, C. *Devagar*: como um movimento mundial está desafiando o culto da velocidade. Rio de Janeiro: Record, 2005.

Sou o indivíduo que lhes vende merda. Que os faz sonhar com essas coisas que nunca terão. Um céu sempre azul, mulheres sempre gostosas, uma felicidade perfeita retocada no Photoshop. Imagens desgastadas, músicas da moda. Quando, depois de poupar, conseguirem pagar o carro de seus sonhos, aquele que eu lancei em minha última campanha, eu já terei feito com que tenha saído da moda.[1]

F. Beigbeder, *$29,99*.

Capítulo 2
Sobre a natureza escorregadia das metas

Então, se a vida é o tempo que transcorre entre o nascimento e a morte, o que nós, humanos, fazemos durante esse período engloba praticamente todos os verbos que existem. Poderíamos analisar o que fazemos (*os verbos da vida*); mas talvez consigamos uma visão mais profunda do comportamento humano se tentarmos responder à pergunta: *por que* fazemos o que fazemos? Ou, dito de outro modo: o que nos motiva?

1. Conto do turista investidor

Contam que um rico norte-americano de cinqüenta anos chamado Bob foi de férias para uma praia no Brasil, um desses lugares que as agências de turismo classificam como "paradisíacos". Uma manhã, enquanto Bob andava pela areia, viu uma cabana entre as palmeiras e, diante dela, um homem de 32 anos chamado Gilberto. Gilberto preguiçava em uma rede, acompanhado de um cão — que fazia a mesma coisa — e de um rádio que tocava música.

No dia seguinte, à tarde, o turista tornou a encontrar Gilberto no mesmo lugar, e assim durante as duas semanas que suas férias duraram. No último dia, exasperado diante de tanta *improdutividade*, Bob aproximou-se da rede.

— Você não trabalha? — perguntou-lhe.

— Sim — respondeu Gilberto. — Toda manhã me aproximo da margem para pescar durante duas horas.

Quando Bob se interessou em saber se pescando só duas horas já tinha o suficiente, Gilberto lhe explicou:

— Pesco só o que preciso para alimentar minha família; às vezes dou sorte e pego um par de peixes a mais, e minha esposa os dá para os vizinhos.

Bob ficou estupefato diante do que considerava uma terrível perda de oportunidades. E começou a dar conselhos a Gilberto para que este pudesse melhorar sua produção e conseguisse um crescimento econômico invejável.

— A primeira coisa que você tem que fazer é dedicar mais tempo à pesca. Em vez de duas horas, seis. Assim, conseguirá mais produtos e poderá vender o excedente para as pessoas da

Quais são as motivações humanas? Temos todos as mesmas preferências e preocupações? Pescador com sua rede na praia de Armação (Florianópolis, SC, 2002).

vila. Depois, você investe os lucros em uma peixaria moderna para que sua esposa também se envolva no negócio. Isso atrairá muitos clientes, e logo você poderá investir os novos lucros em um barco, que aumentará o volume de pesca, de modo que poderá vender o que sobrar para as peixarias das vilas vizinhas. Com os novos investimentos, comprará um barco maior e caminhões frigoríficos, que lhe permitirão distribuir sua mercadoria pelo país, e assim, em pouco tempo, criar sua própria marca. Depois...

Nesse momento, Gilberto interrompeu Bob para lhe perguntar:

— E tudo isso para quê?

— Como para quê? Para ter dinheiro suficiente e poder investir. Com um bom investimento, você conseguirá uma boa renda anual que lhe permitirá passar um mês de férias em uma praia paradisíaca e até mesmo comprar uma casinha de pescadores, onde poderia ficar confortavelmente quando se aposentasse, com sessenta anos.

Essa é uma história clássica utilizada em seminários para ajudar a compreender a heterogeneidade dos estilos de vida, e o narrador pode lhe dar finais diferentes. Desde a clássica resposta de Gilberto: "Pois isso é o que eu já tenho agora", até reflexões de maior alcance sobre a sociedade e a economia. Também é uma história ilustrativa para introduzir este capítulo sobre as necessidades, os impulsos e as motivações.

Nossa vida é tão infinita
quanto ilimitado é nosso campo visual.[2]
L. Wittgenstein, *Tractatus Logico-Philosophicus*

O comportamento do ser humano é fruto de algo que o empurra, como se fossem molas ocultas: a motivação. Comer, beber, respirar, iniciar uma relação sexual, o desejo de superação, a necessidade de aprovação ou o dinheiro são alguns exemplos de motivos que se traduzem em comportamentos.

A mesma coisa que o combustível significa para o automóvel.

O que a eletricidade é para a lâmpada.

Porém, nem todos os motivos têm a mesma origem nem a mesma força para iniciar comportamentos. Há quem os classifique como impulsos e incentivos: ambos geram comportamentos, e diferem no modo como se originam. Os *impulsos* são *excitações* internas; podem ser orgânicos (por exemplo, instintos como beber ou comer) ou fruto da aprendizagem (como o desejo de superação). Os incentivos, por outro lado, são *condições ambientais* que estimulam um comportamento (por exemplo, o dinheiro).

A atitude que cada um de nós tem diante da vida em geral ou a reação diante de uma situação específica depende do modo como lidarmos com esses motivos, do grau de ansiedade que nos causarem e da prioridade que dermos às diferentes necessidades que geram. Por essa razão, é útil começar analisando o quadro social de referência que constitui o hábitat humano.

O ponto de partida do recente e completo *Viagem para a felicidade* do multifacetado ex-ministro, economista, advogado e jornalista Eduardo Punset, é uma idéia que resume bem a situação do homem moderno:

> Há pouco mais de um século, a expectativa de vida na Europa era de trinta anos, como o é hoje em Serra Leoa — apenas o

suficiente para aprender a sobreviver, com sorte, e consumar o propósito evolutivo de reproduzir-se. Não havia futuro nem, portanto, a possibilidade de conceber um objetivo inimaginável como o de ser feliz. Este último era algo que se adiava para depois da morte e que dependia dos deuses.[3]

Portanto, *ganhamos* alguns anos adicionais de vida, que permitem desenvolver comportamentos e abrigar expectativas que há alguns séculos eram totalmente impensáveis. Além de mais tempo com mais saúde, há espaço para *fazer mais coisas*, há espaço para trabalhar mais, para desfrutar de ócio adicional e para consumir. Surgiram novas necessidades. Por outro lado, o que até *pouco* tempo eram considerados medos ou necessidades básicas, provavelmente já não o são, ou modificaram seu *ranking* na escala de preferências.

2. Um pouco de perspectiva

Retrocedamos alguns séculos. O sítio arqueológico de Atapuerca permitiu estudar um dos primeiros vestígios de hominídeos na Europa, pelo menos dos conhecidos até hoje. De acordo com as estimativas dos pesquisadores, na região da atual província espanhola de Burgos já havia atividade humana há 300 mil anos, e esses antepassados utilizavam algumas ferramentas de sílex e conheciam o fogo; além disso, provavelmente se comunicavam por meio de algum tipo de linguagem.[4]

Desde esse passado remoto, o *Homo sapiens* foi evoluindo em um ritmo mais ou menos constante, até que houve um ponto de inflexão como conseqüência da revolução industrial: nos últimos duzentos anos, as mudanças tecnológicas e sociais foram se sucedendo a uma velocidade que poderia ser classificada como *vertiginosa* se usarmos como padrão de referência a escala dos períodos evolutivos (milhares ou milhões de anos).

Essa inflexão teve e continua tendo um impacto notável sobre o ser humano.

Não se trata apenas do fato de os avanços tecnológicos e científicos terem permitido ao homem pisar na Lua, habitar estações orbitais e comunicar-se por meio da Internet com nossos antípodas em questão de segundos.

Também não se trata, apenas, do fato de esses avanços terem permitido ao ser humano alcançar, finalmente, aquele antigo "sonho humano de ser como os deuses e intervir na seleção natural ou na criação da vida *ex utero*"[4] — como comentam Eudald Carbonell e Robert Sala, ambos da cátedra de Pré-História da Universitat Rovira i Virgili em Tarragona e estudiosos dos sítios arqueológicos de Atapuerca.

Trata-se de avanços recentes que requerem um período de adaptação biológica que, simplesmente, ainda não transcorreu.

Por exemplo, até há pouco tempo, a maior parte da dieta humana era de origem vegetal; apenas ocasionalmente o homem consumia proteínas animais, quando conseguia caçar algum mamífero. Além disso, o exercício físico realizado era incomparavelmente maior que a média atual de qualquer cidadão ocidental. Foi assim desde a época das cavernas até o século XX. Depois da I Guerra Mundial, começou a haver um maior acesso às proteínas, gorduras e carboidratos — a qual-

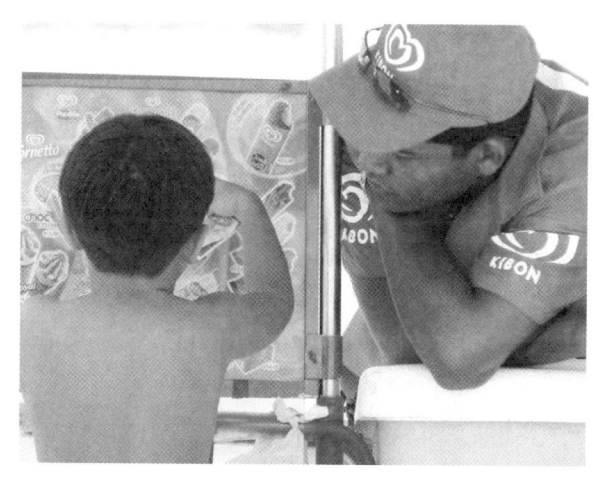

A mudança nos hábitos alimentares foi tão brusca que a espécie humana não teve tempo para se adaptar. Uma criança escolhe um sorvete na praia da Juréia (SP, 2006).

quer hora e em qualquer lugar. Essa abundância levou a uma ingestão totalmente supérflua desse tipo de caloria: as calorias consumidas em um almoço executivo superam em muito as necessidades calóricas diárias; comemos poucas frutas e verduras, mas muitos alimentos com farinhas e edulcorantes — que os tornam mais apetitosos e criam um vício no sabor.

Por ter passado tão bruscamente de uma dieta herbívora ao *fast-food*, sorvetes cremosos, docinhos e *snacks*, o organismo não tem outra opção senão responder de maneira inadequada. Alguns especialistas em nutrição atribuem a esse fator a atual epidemia de obesidade que, por sua vez, contribui com o aumento de doenças cardiovasculares e diabetes, por exemplo.

Algo parecido acontece com as motivações e necessidades. Por um lado, uma parte de nosso cérebro continua cuidando da satisfação dos impulsos primários — que, por mais que tenhamos evoluído, ainda não essenciais para sobreviver — e dos impulsos aprendidos. Porém, outra parte do cérebro deve enfrentar a tarefa de adquirir novos conhecimentos — sobretudo técnicos — para que possamos continuar montados no cavalo da civilização sem ficar *antiquados*. Ou seja, ao mesmo tempo que administra a relação entre necessidades e prioridades ancestrais, o cérebro deve enfrentar situações como a ansiedade ou o medo que a novidade gera.

Tomemos qualquer cidadezinha da Península Ibérica e retrocedamos um século.

Era preciso ir até a fonte ou até o poço mais próximo (às vezes a mais de um quilômetro de distância) para garantir a água para beber, cozinhar e se lavar; todo o mundo tinha consciência de que essa água não podia ser desperdiçada. A água era uma necessidade básica que, além do mais, tinha uma pontuação muito elevada na escala de valores.

Quando chegava o verão, era preciso comprar gelo para manter os alimentos frescos durante algumas horas e evitar que o calor os estragasse; ainda assim, não agüentavam muito tempo. E era preciso fazer provisão de alimentos que se conservassem bem, para enfrentar o inverno. Especialmente frutos secos, que forneceriam calorias adicionais.

Existiam algumas doenças terríveis, principalmente as infecções, a pneumonia, as gripes e a temível tísica (tuberculose). Eram perigosas; fatais, em muitos casos. De cada dez crianças que nasciam, talvez só cinco chegassem a completar um ano; as outras, morriam.

Hoje em dia, só temos que abrir a torneira para beber água. Ou ir à despensa, onde guardamos embalagens *tetrabrick* de leite ou sucos. A água continua sendo uma necessidade básica, mas, exceto em lugares assolados pela seca, já não ocupa um lugar principal na escala de preocupações do ser humano urbano (pelo menos no momento; quem sabe o que acontecerá com a mudança climática). Ninguém fica se preparando para ter uma despensa bem abastecida pensando no frio inverno: em primeiro lugar, temos cada vez menos espaço nas habitações e, em segundo lugar, basta ir ao supermercado — que, aliás, abre aos domingos — para ter à disposição qualquer alimento que quisermos, seja ou não a época.

No âmbito trabalhista, onde apenas há alguns anos trabalhavam cinqüenta pessoas, hoje em dia são necessários apenas três técnicos capazes de operar uma máquina que realiza a mesma tarefa 24 horas por dia, sem se cansar e sem pedir *licença trabalhista*. É preciso buscar novas saídas profissionais, é preciso estar atualizado e temer *ser o próximo na lista de dispensa*.

> O desemprego é um medo que ocupa cada vez um lugar mais alto nas preocupações humanas, sobretudo a partir dos 45 anos. Quem continuará pagando a prestação do apartamento e o convênio médico, se não houver previdência social?

De modo parecido ao que acontece com os alimentos, as preocupações e preferências humanas sofreram modificações em muito pouco tempo evolutivo. Estamos nos adaptando a uma nova situação e, como qualquer período de mudança, isso comporta insegurança, medo e ansiedade, que se traduzem em respostas somáticas variadas.

Curiosamente, *é uma época em que as novas necessidades e os novos medos convivem com as necessidades e medos filogeneticamente mais ancestrais* — como a delimitação do território ou a propriedade.

3. O GRANDE VAZIO

Os impulsos primários, também chamados instintos, visam garantir que o organismo tenha oxigênio (respirar), água (beber) e alimentos (comer). E também há o impulso sexual (garantir a reprodução da espécie), a necessidade de dormir e a necessidade de calor.

Alguns (como a necessidade de oxigênio) são processos totalmente automáticos, por isso, não representam uma preocupação consciente (desde que haja oxigênio, naturalmente). Outros (como a necessidade de agasalho para manter a temperatura) passaram a ocupar um lugar menos importante, devido ao fato de vivermos em uma sociedade "climatizada".

Os *impulsos aprendidos* têm uma importância inquestionável, porque são o motor direto de muitos comportamentos e explicam outros mais, por sua influência indireta — às vezes *subterrânea*.

Os seres humanos aprendem a ser poderosos, criativos, sociáveis, competitivos, a buscar a aprovação ou querer superar a si próprios e aos outros.

Várias hipóteses tentaram explicar como esses impulsos são adquiridos e operados. Alguns autores fazem referência a um "mal-estar corporal que gera uma *tensão*, para a qual se busca solução"; segundo essa teoria, a necessidade de poder tem origem em uma *sensação* semelhante à fome.

Outros autores optam pela hipótese da *sublimação* de impulsos; por exemplo, pratica-se esporte ou trabalha-se em excesso para sublimar uma tensão sexual insatisfeita por meio de uma atividade não sexual.

Esses impulsos também foram explicados como frutos de um *condicionamento*; por exemplo, a pessoa aprende que, se responder trabalhando, receberá uma recompensa (o dinheiro, o elogio) que lhe permitirá satisfazer outros impulsos.

Finalmente, merece atenção a hipótese que atribui à *ansiedade* a energia para as motivações aprendidas. Quem a postula explica que a ansiedade pode gerar comportamentos como ingerir álcool, resolver um sudoku ou fazer amor, porque aprendemos que isso ajuda a aliviá-la.[5]

Muito se discutiu sobre quais são as *necessidades básicas* e o que deve estar incluído nelas — se só as psicológicas e corporais, ou também as necessidades espirituais. Naturalmente, essas necessidades sofrem modificações ao longo do tempo e variam de uma sociedade para outra. No ano de 1938, Henry Murray, um psicólogo da Harvard, propôs vinte necessidades básicas. Estão reunidas na tabela seguinte:

Afiliação (ao grupo, a um amigo)	Defesa (contra a crítica)	Evitar o dano	Oposição (reagir ao fracasso)
Agressão (vingar, opor-se a outro)	Defesa diante da humilhação	Exibição (causar boa impressão)	Organização
Autonomia (libertar-se)	Deferência (admirar o superior)	Humilhação (admitir inferioridade, erros)	Receptividade (desfrutar dos sentidos)
Ajuda (ser cuidado, apoiado)	Dominação (influenciar ou dominar os outros)	Brincadeiras	Rejeição (a algo inferior)
Compreensão	Educação (compaixão diante do fraco)	Conquistas (superar-se)	Sexo

Tabela 2.1. As vinte necessidades, segundo Murray, publicadas em 1938 (adaptada de Lindzey).[5]

Erich Fromm limitou-se às que chamou de "necessidades humanas e objetivas", e descreveu apenas cinco: afinidade, transcendência, arraigamento, identidade e contexto orientador. Finalmente, em 1967, Abraham Maslow incluiu também a esfera espiritual e descreveu as necessidades básicas (fome, sede, sexo, segurança ou conquista) e as *metanecessidades* (como a justiça, a bondade, a beleza, a organização e a unidade).[5]

Em função do grau de satisfação dessas necessidades e do grau em que se percebem ameaças à satisfação das mesmas, podemos falar de *bem-estar*.

A outra face da moeda são as situações estressantes. Há muitas situações que ameaçam a pessoa (ou que a pessoa percebe como ameaçadoras). O valor que outorgamos a essas situações depende da percepção que tenhamos delas, do entorno pessoal e social de cada um e da situação em si.

Existem diversas listas que graduam o que mais preocupa o gênero humano. Talvez a mais conhecida seja a Escala de Ajuste Social de Holmes-Rahe, obtida em 1965 a partir das pontuações que 394 pessoas atribuíram a uma série de situações, após estabelecer que o estresse provocado por um casamento seria de cinqüenta pontos. Assim, as situações consideradas mais estressantes são: (1) morte do cônjuge, (2) divórcio, (3) separação, (4) prisão, (5) morte de um familiar próximo, (6) doença ou lesão pessoal, (7) casamento, (8) demissão do trabalho, (9) reconciliação com o cônjuge, e (10) doença importante de um familiar.[6] Em uma tentativa de atualizar a lista, na década de 1990 foram acrescentadas outras situações: diagnóstico de uma doença terminal, estupro, violência de rua ou questões relacionadas com a infertilidade.

Recapitulemos.

Lançamo-nos ao vazio da vida com impulsos primários que se encontram impressos em nossa essência de mamíferos hominídeos. Durante as primeiras etapas da viagem, aprendemos outros impulsos que nos gratificam ou nos permitem evitar a ansiedade. Por último, travamos batalhas diante de situações estressantes, seja porque as tentamos evitar ou porque nos encontramos diante delas e temos que reagir.

Enfrentar a vida é, definitivamente, um grande salto ao vazio. A sorte desse trapezista depende de fatores externos (o vento), da colaboração de seus colegas de equipe e de fatores internos (não hesitar no momento de se soltar). Espetáculo "El gegant dels 7 mars". Fòrum de les Cultures, Barcelona, 2004.

A sociedade atual — o hábitat humano natural — é fruto desse processo de adaptação evolutiva aos últimos avanços da tecnologia e da ciência. Essa sociedade tem características enormemente influentes no comportamento individual (e, portanto, também no grau de *positividade* ou *negatividade* com que percebemos a vida). Vale a pena nos determos para analisá-las.

4. Dinheiro e bem-estar, sempre de mãos dadas?

Em seu ensaio *Aún no somos humanos*, Eudald Carbonell e Robert Sala insistem em um ponto de partida essencial ao falar de algo tão complexo quanto os efeitos do dinheiro sobre o comportamento humano: tanto a hierarquia quanto a propriedade são comportamentos puramente etológicos aos quais todas as sociedades de hominídeos em processo de humanização (ou seja, o *Homo sapiens* atual) conferiram um sentido cultural.[4]

Somos o que temos, o que aparentamos ter, ou o que acham que temos. Talvez, para ser mais preciso, cada dia somos mais o equivalente ao limite disponível de nosso cartão de crédito.

Em janeiro de 2005 tive que viajar de Bangkoc a Guatemala, o que me obrigou a fazer uma escala de catorze horas em Los Angeles. Cheguei num sábado às nove da noite e, posto que viajava contra o fuso horário, já havia dormido no avião a

A desmesura: uma das diversões de alguns jovens consiste em alugar excêntricas limusines e circular por Hollywood Boulevard gritando e saudando os transeuntes para que todo o mundo os veja.

noite que ainda estava por chegar sobre a Califórnia, de modo que desci à recepção do hotel e pedi a um taxista que me levasse para rodar pela cidade.

Tive sorte: o chofer era um homem de origem tunisiana que havia chegado aos Estados Unidos dez anos antes, lá se havia casado, e tinha dois filhos. Após trocar algumas frases formais para *medirmos* um ao outro, propôs que não limitássemos a corrida ao típico triângulo Hollywood, Beverly Hills e Santa Mônica, mas que fôssemos ver também o Downtown e La Venice, "que são um pouco mais verdadeiros", sentenciou. Circulamos um pouco por uma Hollywood Boulevard repleta de jovens que haviam alugado desmesuradas limusines e cuja única diversão parecia consistir em ir gritando e saudando as pessoas que passavam pela rua, para que todos os transeuntes os notassem.

Quase à meia-noite, passamos por uma Beverly Hills deserta, com as lojas de marcas de luxo desperdiçando luz para os fantasmas. O taxista comentou:

— Nesta cidade, o que importa é a aparência. Aqui ninguém tem dinheiro em espécie. Tudo é pago com cartão de crédito e a pessoa vale o equivalente ao crédito de que dispõe. Isso tem sua lógica: qualquer um sabe que, se você não pode pagar, os bancos são os primeiros a saber.

Parece que *ter dinheiro* é algo que todo o mundo persegue. Trabalhamos com a ilusão de, algum dia, ganhar a fortuna necessária e realizar nossos desejos, de um modo parecido ao que Bob propunha a Gilberto na fábula da seção 1. Afirmamos sem hesitar que o dinheiro traz felicidade e bem-estar. O imaginário masculino está repleto de sonhos em que o carro esporte conversível é associado a muitas mulheres louras, jovens e bonitas. No imaginário feminino não faltam sonhos em que conquistam um milionário. E, se não temos dinheiro, como demonstração de fracasso pessoal, ainda jogamos na loteria para continuar alimentando os sonhos na realidade modesta.

Pois bem, até que ponto tudo isso é verdadeiro?

Andrew Oswald é professor de Economia na Universidade de Warwick, no Reino Unido. Junto com outros colaboradores ingleses e norte-americanos, realizou vários estudos, nos quais tenta relacionar alguns parâmetros associados à riqueza pessoal ou coletiva ao bem-estar das pessoas, medido com as escalas tradicionais. E os resultados permitem, pelo menos, relativizar essas crenças.

- *Sobre o sonho de ganhar na loteria e outras falácias*

Você acha que se ganhasse na loteria seria mais feliz e viveria mais tranqüilo?
Um estudo recente comparou a saúde *psíquica* de três grupos de cidadãos britânicos ao longo do tempo:

1. uma amostra de ganhadores de prêmios de loteria de até 180 mil euros;
2. uma amostra de controle, constituída por ganhadores de prêmios menores (inferiores a três mil reais), e
3. outra amostra de controle formada por cidadãos que não haviam ganhado nada.

Curiosamente, no ano em que haviam ganhado o prêmio, os cidadãos das amostras de controle tinham mais saúde *psíquica* que os cidadãos premiados, provavelmente porque um grande prêmio gera estresse, preocupações, medos e, talvez, problemas de relacionamento com familiares e amigos. Eles só tiveram uma melhora a partir do segundo ano.[7]

Mas, as pessoas mais ricas percebem que têm maior bem-estar que as menos ricas?
Foram publicados vários estudos que tentavam encontrar uma relação entre riqueza e bem-estar subjetivo das pessoas; contra o que pareceria lógico, a maioria concorda com os benefícios apenas secundários do dinheiro. Vejamos dois exemplos:

- Atualmente, lidamos com a hipótese de que *o dinheiro NÃO proporciona um bem-estar constante*, embora, em circunstâncias difíceis (como uma doença), o dinheiro permita comprar alguns bens ou serviços que, apesar de não neutralizarem os efeitos da doença, pode *diminuí-los*.[8]

Esse tipo de estudo está aberto a muitas interpretações, porque nele lidamos com numerosos fatores inter-relacionados. Por exemplo, essa última pesquisa foi realizada com uma amostra de 478 norte-americanos próximos da aposentadoria; isto é, em um sistema sem pensões nem uma prestação de serviços médicos públicos para todos. Talvez, em outros países onde já se dispõe de um sistema de saúde público de qualidade, esse estudo houvesse dado resultados ainda mais surpreendentes.

- O *crescimento econômico* é algo que *preocupa enormemente os políticos. Mas, até que ponto afeta às pessoas?*

Em uma revisão do tema, observou-se que os cidadãos do Reino Unido selecionados ao acaso descrevem um grau de bem-estar similar ao de seus pais ou avós, comparativamente muito mais pobres.

Uma análise parecida realizada nos Estados Unidos permitiu observar que os níveis de *felicidade* não só não se mantiveram, como foram reduzidos: as mulheres norte-americanas são menos felizes que suas mães.

Em geral, nos países industrializados, o bem-estar aumenta com as receitas, mas é um aumento insignificante, quase imperceptível.

Por outro lado, observou-se que o que realmente aumenta a infelicidade das pessoas são fatores como o desemprego. Se um país já é *rico* (ou seja, tem um bom PIB), a política para aumentar o crescimento econômico pode ter poucas conseqüências sobre o bem-estar dos cidadãos.[9] Além disso, não se pode esquecer um provável efeito de adaptação: as pessoas se acostumam ao dinheiro que recebem em cada momento, tanto se for um aumento como uma diminuição do salário.[10]

Tudo indica que, no fundo, *o que importa é a autonomia que a pessoa conquista, mais do que aos ganhos econômicos per se.*[11]

Definitivamente, parece que os pesquisadores do campo da economia social estão chegando à conclusão de que o nível de felicidade é inversamente proporcional aos ganhos dos vizinhos, porque a *comparação* tem um efeito poderoso sobre nosso comportamento.

• *A fábrica dos desejos*

O que acontece com os automóveis, os relógios de titânio etc.? Precisamos deles porque os Jones os têm, não porque representam uma "diferença" real por si mesmos.[10]

Curiosamente, e voltaremos a isso mais adiante, esse é o fundamento da publicidade. Ela se encarrega de nos despertar desejos, ela é esse inesgotável fole que aviva o fogo para que a locomotiva da sociedade capitalista — ou do "sistema de mercado", se quisermos seguir a moda dos eufemismos — continue se movendo. John Kenneth Galbraith, o prestigioso e veterano economista norte-americano recentemente falecido, explicava:

> Como o termo "capitalismo" evoca uma história um tanto amarga, o nome está desgastado. Hoje em dia, na respeitável expressão de economistas, relações-públicas, oradores, políticos cautelosos e alguns jornalistas, fala-se em "sistema de mercado".[12]

Eufemismos eficazes, em uma época em que tudo se vende e tudo se compra. Galbraith comentava:

> A mudança de terminologia na economia serviu para confirmar a soberania do consumidor. Considera-se que o poder máximo na economia de mercado está nas mãos daqueles que compram ou que decidem não comprar [...]. Nesse conceito há uma dose considerável de fraude: existe um formidável controle e bem financiado da resposta do público [...]. Acreditar numa economia de mercado em que o consumidor é soberano é uma das fraudes mais difundidas. Que ninguém tente vender sem administração nem controle do consumidor.[12]

O mercado vende felicidade. Um passatempo divertido consiste em assistir atentamente aos anúncios de qualquer revista ou da televisão e buscar descobrir de que maneira os profissionais da publicidade procuram conquistar o consumidor. Que molas mais ou menos ocultas, mais ou menos sutis, tentam manipular no interior de nosso cérebro para que dispare em nós o desejo de consumir algo, seja de maneira imediata (levantando-nos e indo à geladeira pegar essa lata de refrigerante borbulhante, doce e gelado) ou retardada (quando, sem saber exatamente por que, um impulso nos leva a considerar que temos que trocar de carro)?

> *Mmm, que gostoso gozar em seu cérebro!*
> *Faço isso no hemisfério direito. Seu desejo não lhe pertence: eu imponho o meu. Eu o proíbo de desejar o acaso. O que você deseja é o resultado de um investimento que soma milhares de milhões de euros. Sou eu quem decide, hoje, o que você vai querer amanhã.*[1]
> F. BEIGBEDER, *$29,99*.

Parece que a relação de *felicidade* com dinheiro só é percebida quando as pessoas com uma renda muito baixa (em níveis que não permitem atender às necessidades básicas) conseguem ascender a um nível de renda médio. A partir desse momento, dobrar a riqueza tem uma importância muito inferior a outros acontecimentos da vida, como casar-se, por exemplo. Por outro lado, se for analisado o grau de bem-estar dos países (tendo em conta seu PIB), observa-se algo que pode surpreender: os cidadãos dos países mais ricos não são os mais felizes.[13]

> O dinheiro, embora seja uma motivação muito poderosa, capaz de gerar muitos comportamentos para consegui-lo, não só não nos faz necessariamente mais felizes como também, freqüentemente, faz o contrário: o dinheiro gera ansiedade e frustração.

Se carecemos de dinheiro — ou se vivemos com essa percepção —, o próprio anseio de tê-lo gera mal-estar.

Além disso, *a linha imaginária da riqueza que as pessoas desejam parece estar amarrada a esses balões de hélio que escapam das mãos das crianças e começam a subir sem parar.*

Por outro lado, quando temos dinheiro, temos novas preocupações, como as provocadas pelo medo de perdê-lo, especialmente quando as pessoas do entorno (familiares, conhecidos ou vizinhos) possuem menos que nós.

A primeira vez que viajei para Manágua, impressionou-me muito passear pelos arredores de meu hotel no bairro Rubenia e comprovar que muitas das casinhas têm um pátio dianteiro completamente gradeado (pela frente, pelos lados e por cima, como uma verdadeira jaula, aparentemente inacessíveis). Nesse espaço os moradores estacionam o carro e tomam ar sentados em enormes cadeiras de balanço enquanto bebem rum de cana e ouvem rádio ou assistem a televisão. Depois, soube que perto de Rubenia está uma das regiões mais pobres de Manágua, o Reparto Schick.

Esse tipo de arquitetura do medo é freqüente na América Central, em países onde a distribuição da riqueza é extremamente desigual e uma grande parte dos habitantes se encontra abaixo do nível de pobreza.

Em resumo, o dinheiro é uma motivação poderosa do ser humano. O dinheiro permite comprar e a publicidade dirige os desejos do consumidor. Porém, algumas pesquisas indicam que o dinheiro não proporciona todo o bem-estar esperado; às vezes, gera ansiedade ou medo.

Outro mal-estar sutil originado pelo dinheiro é fruto da seguinte espiral sem fim:

---

publicidade → geração do desejo → manobras para conseguir o produto anunciado → frustração pós-consumo → necessidade de comprar mais

---

Nesse contexto, há um elemento cujo papel é essencial (na realidade, é um cúmplice ideal — e freqüentemente procurado — dos publicitários): "os outros".

5. OS OUTROS

O desejo de dispor de dinheiro deve-se ao fato de ser um meio para obter coisas ou para comprar situações similares ou melhores que as possuídas pelos que nos cercam. O ser humano tem tendência a se comparar. Cada indivíduo é, ao mesmo tempo, quem é, quem acha que é e quem pensa que os outros acham que é — aspectos de uma trindade que nem sempre coincidem.

Sonja Lyubomirsky e Lee Ross, dos departamentos de Psiquiatria das universidades da Califórnia e de Stanford, respectivamente, levaram a cabo um estudo para tentar elucidar a relação entre felicidade e sensibilidade à comparação com os outros. Após observar duas séries de alunos universitários, chegaram à conclusão de que as pessoas felizes são menos sensíveis à comparação social e, além disso, menos vulneráveis à comparação social desfavorável. Ao que parece, *as pessoas mais felizes têm convicções mais fortes acerca da própria eficácia.*[14]

Em geral, os que obtêm maior pontuação nos testes padrão para medir a felicidade são pessoas com uma imagem de si próprias mais sólida, estável e consistente. Isso as torna relativamente *resistentes* aos padrões propostos pelos outros e aos altos e baixos diários. A pergunta que os autores deixam no ar é: "A felicidade promove essa 'insensibilidade social relativa', ou a insensibilidade é que favorece a felicidade?".[14]

O sucesso ou o fracasso alheios desencadeiam em nós emoções e atitudes diferentes que ajudam a explicar esse poder dos "outros".

Por um lado, *o sucesso alheio* pode gerar esperança (que expressamos como "se ele conseguiu, eu também posso"); porém, mais freqüentemente provoca inveja, ciúmes, dúvidas sobre si mesmo ou — diante de estímulos constantes e em um contexto propício — conduz à depressão.

No outro extremo, o fracasso alheio também desencadeia uma sensação dúbia: ou nos faz sentir afortunados (porque percebemos que estamos *melhor* que o outro), ou induz a um estado de medo de que o fracasso também nos atinja.

Convém sermos conscientes desse propulsor íntimo do comportamento, porque os mecanismos que o estimulam são muito utilizados na sociedade atual.

As chamadas "revistas de fofoca" e os programas de televisão que fuçam nas vidas alheias não são nada além de uma exploração da resposta à contemplação do sucesso ou do fracasso dos outros. Divórcios escandalosos, casamentos *felizes* e problemas de fidelidade dos chamados "famosos" movimentam uma audiência considerável, que se traduz em lucro para muitos.

Os anúncios que proclamam frases do estilo: "Este é o modelo de automóvel de quem vive aqui", "Este é o relógio do homem de hoje", ou "A mulher irresistível usa este perfume" clamam à imitação para que se possa *entrar no clube*. Basta que um colega de trabalho compre uma agenda eletrônica para que, em poucos meses, quase todos tenham abandonado a clássica agenda de papel. O mesmo acontece com os celulares que incorporam vídeo, o *iPod* ou a tevê de plasma. E com o corpo.

6. A magnitude do espelho

O dinheiro move o ser humano e os outros também conseguem isso. O corpo é um mecanismo adicional de impulsão incrível. Além do uso do corpo na publicidade (ao qual já nos referimos brevemente), o corpo gera comportamentos e é motivo de bem-estar ou de preocupação; às vezes, até de reações de ódio contra si mesmo.

> *Desfrute de seu corpo. Use-o de todas as maneiras que puder. Não tenha medo de seu corpo nem do que as outras pessoas possam pensar dele.*
> *É o instrumento mais incrível que jamais poderá possuir.*[15]
> M. Schmich, *Filtro solar*.

Parecem frases óbvias; no entanto, quando damos uma olhada nas páginas amarelas, nas chamadas "revistas de atualidades" ou até mesmo no jornal, não passa despercebida a intensa promoção que se faz tanto de clínicas de cirurgia estética quanto de um grande espectro de alternativas para adequar ou retocar a silhueta (incluindo dietas emagrecedoras ou produtos para evitar a sensação de fome, intervenções cirúrgicas de maior ou menor calibre e mágicos aparelhos de *fitness* caseiros).

Embora provavelmente cada época tenha estabelecido seus padrões de beleza, também é verdade que, nos últimos 100 mil anos de evolução, o ser humano jamais teve ao alcance da mão uma coleção tão ampla de medicamentos, procedimentos cirúrgicos ou ferramentas para modificar a aparência do próprio corpo como agora.

No último século, houve muitos avanços científicos e tecnológicos que tornaram isso possível. Como referência, em 1914, os cortes cirúrgicos quase sempre infeccionavam, e era freqüente os pacientes morrerem durante o pós-operatório em conseqüência disso: não se conhecia praticamente nenhum antibiótico (a penicilina foi descoberta em 1928). Havia poucos analgésicos para reduzir a dor e as cicatrizes das intervenções eram grosseiras e aparentes. Nessas condições, só se entrava numa sala de cirurgia por necessidade imperiosa.

No começo do século XXI, encontramo-nos na idade de ouro da farmacologia; houve um impressionante desenvolvimento da cirurgia graças à introdução de anestésicos seguros e ao controle das infecções; além disso, o avanço de técnicas instrumentais, como o bisturi elétrico ou o laser, permitem fazer incisões extremamente precisas.

A isso é preciso acrescentar dois cúmplices adicionais:

1. o auge dos *mass-media* que dão destaque à imagem sobre a voz; são como enormes caixas de ressonância de notícias, fofocas ou modas, e
2. a eficácia dos publicitários que reúnem psicologia, *design* e estratégia para vender modelos.

A poderosa mola dos "outros" a que nos referíamos no capítulo anterior aparece aqui infiltrada em revistas e anúncios sob a forma do ou da "modelo", palavra que o dicionário Aurélio define como *objeto destinado a ser reproduzido por imitação*. O único problema é que as características físicas desses *objetos* humanos a imitar são realmente pouco exemplares, posto que não são estatisticamente representativos dos homens nem das mulheres das etnias a que se dirigem esses exercícios promocionais.

Tal como denunciaram várias organizações, como a Quebec Action Network for Women's Health, a trama consiste em apresentar ideais difíceis de conseguir e de manter, para que tanto a indústria cosmética quanto a que vende dietas garantam abundantes benefícios.[16] Ainda mais quando há cada vez maior oferta de alimentos preparados com açúcares, farinhas e gorduras, que agem contra — e, ao mesmo tempo, exigem um sacrifício superlativo de controle e abstinência se se quiser atingir essa meta, que parece cada vez mais difícil.

Naturalmente, a exploração extrema e sem medida da própria imagem, somente limitada pela avidez dos que se beneficiam com essas atividades, acarreta problemas emocionais e fisiológicos, principalmente quando o alvo é esse fértil mer-

Os outros, a imagem própria e os ideais. Em São Paulo, um anúncio de mais de três andares de altura oferece os serviços de uma academia por meio da imagem de uma mulher com os seios siliconados (acima). Em Buenos Aires promovem-se produtos naturais de eficácia duvidosa para poder mostrar o corpo (antes do que a própria pessoa poderia esperar); a imagem ideal e a velocidade, dois estímulos muito poderosos.

cado recém-descoberto — e cada vez mais violentado — que é, já não a adolescência, mas a pré-adolescência. Durante o dia brincam com a Barbie e o Ken; à noite, os imitam.

• *Todas Barbies?*

Qual é o ideal? Essa boneca que resiste há duas ou três gerações de crianças?

Um estudo realizado há dez anos tentou averiguar por que a boneca Barbie é percebida como uma figura atraente. Após distribuir desenhos e fotografias com traços primitivos ou estilizados a 495 pessoas, observou-se que a maioria dos participantes preferia os traços estilizados. A aparência dessa clássica boneca justamente enfatiza essa estilização.[17]

Porém, vale a pena lembrar outro estudo clássico realizado pelo Centro de Alterações Alimentares da Universidade de Yale: a partir do diâmetro dos quadris dessa boneca, os pesquisadores realizaram cálculos para determinar que mudanças anatômicas seriam necessárias para que uma mulher e um homem adultos e saudáveis tivessem as mesmas proporções que Barbie e Ken. Concluíram que as mulheres teriam que crescer 60 cm (seu pescoço deveria se alongar 8 cm) e a cintura teria que afinar 15 cm. Os homens, por outro lado, só teriam que crescer 50 cm, mas o tórax deveria ter uma circunferência quase 30 cm maior à média atual, e o pescoço, 20 cm mais grosso. Essas proporções dificilmente seriam compatíveis com a saúde, tendo em conta a resistência dos ossos e a massa muscular do ser humano atual; também, o intestino inteiro não caberia dentro do abdômen, o que provocaria diarréias e má nutrição.[18]

Definitivamente, tanto as crianças quanto os adultos estão expostos a modelos a imitar pouco reais. Modelos com os quais se pretende que nos comparemos para que, assim, decidamos se nosso próprio corpo é "bonito" ou "feio".

O problema é que somente cinqüenta ou cem dos seis bilhões de seres humanos que habitam a Terra (ou seja, todos, exceto um punhado de estrelas de cinema e algumas *top models*) têm esse corpo que sai nas fotografias. E, ainda por cima, é um corpo que em muitos casos foi retocado pelo afiado bisturi do cirurgião e pela ajuda do silicone. Ou pelo *mouse* e pelo *Photoshop* — essa cirurgia virtual que elimina pintas, suaviza rugas, tira manchas, depila, realça os glúteos e apaga a barriga.

Podemos considerar isso sob outra ótica: com exceção de poucos, a maior parte dos seis bilhões de habitantes tem um corpo que não precisa (nem do ponto de vista médico nem psíquicos estritos) ser modificado; basta cuidar dele.

• *Mundo obeso*

Em um mundo de modelos quase anoréxicas, chama a atenção essa proporção crescente de pessoas obesas, não só nas sociedades ocidentais e ricas, mas também em países com economias de transição.

Do ponto de vista da resposta cerebral — que é o objetivo deste texto —, provavelmente o propulsor da própria imagem como estímulo para gerar comportamentos mantenha uma motivação alterada ou anômala para se alimentar.

No terceiro capítulo analisaremos a maneira como essas molas propulsoras (dinheiro, corpo, comida, poder, sexo ou medo) ativam mecanismos de recompensa cerebral dos quais o laboratório interno participa. Retomaremos o assunto com mais detalhes mais tarde, mas vale a pena adiantarmo-nos um pouco e falarmos sobre o que acontece no caso dos alimentos: o mecanismo de recompensa cerebral, após a ingestão de alimentos, provoca a liberação de substâncias chamadas opióides, que favorecem uma resposta hedônica e afetiva. Essa secreção é especialmente elevada após comer alimentos mais calóricos ou com sabor melhor (por exemplo, os ricos em gorduras ou açúcares), de modo que o ato de ingeri-los é acompanhado de uma sensação *agradável*.

O mecanismo "alimento calórico → sensação agradável" provavelmente teve um papel evolutivo importante. Os primeiros hominídeos viviam em um meio com poucas fontes de energia; nesse contexto, um mecanismo hedônico os impulsionava a procurar esses alimentos para garantir um fornecimento mínimo de calorias em uma dieta eminentemente herbívora.

Mas, o que acontece atualmente, quando só é preciso abrir a despensa para encontrar sacos de amendoim ou de batatas, ou maioneses e molhos mil que alegram o sabor das saladas? Provavelmente, esse mecanismo cerebral — com pleno sentido há poucos milhares de anos — não teve tempo de evoluir e, ao provocar uma resposta afetiva positiva diante dessas substâncias, contribui com a superalimentação e, portanto, favorece a obesidade.[19]

Por outro lado, do ponto de vista antropológico, chama fortemente a atenção o fato de a sociedade provocar situações que depois o indivíduo tem que solucionar. Esse é o caso da obesidade, mas também do hábito de fumar — com as substâncias viciantes acrescentadas ao tabaco —, do estresse ou do medo. Ou algo que parece tão inócuo, como os refrigerantes.

Por questões profissionais, vou freqüentemente à América Central e do Sul. A bebida que acompanha as refeições, tanto em casa como nos restaurantes, não é a água ou o suco de alguma das numerosas e acessíveis frutas tropicais, mas os chamados "refrigerantes", bebidas com ou sem cola, com ou sem gás, e muito açúcar e conservantes. Além das clássicas Coca-Cola, Pepsi-Cola ou Fanta, há as versões locais com mais ou menos sucesso, como a peruana Inka-Cola, a nicaragüense Rojita ou o brasileiro guaraná. Apesar de todos eles terem sua versão *diet* ou *light*, sua ingestão habitual associada à refeição, além de interferir no sabor, contribui com esse fornecimento sistemático de calorias desnecessárias.

Lembram do filme-documentário Super size me, *de Morgan Spurlock, no qual o protagonista passa um mês comendo só em restaurantes McDonald's?*

Contam que, na Roma clássica, davam cereais egípcios para evitar as revoltas do povo: o conhecido *panem et circenses*. A grande pergunta é se os *fast-food* de hoje (relativamente acessíveis) têm um papel similar na sociedade atual.[20] Alimentos que estimulam os mecanismos de recompensa positiva do cérebro para acalmar as pessoas e deixar o caminho livre para os que querem o poder.

7. O ESTRANHO ÍMÃ DO PODER

O dicionário Aurélio fala de "poder" como "direito de deliberar, agir e mandar"; também como "vigor, potência" ou "autoridade, soberania, império, influência, força", entre outras definições. Nas comunidades humanas, esse poder representa o estabelecimento de uma hierarquia entre os indivíduos (mandar, autoridade, etc.) não isenta de violência mais ou menos explícita (que esse "domínio, força", deixa clara).

Na profunda reflexão sobre a identidade humana que é *O homem duplicado*, do escritor português José Saramago, há uma bela imagem das relações interpessoais:

> [...] ou seja, copiar do final de [*o filme*] *Quem Porfia Mata Caça* os nomes dos secundários de terceira ordem, esses que, não obstante preencherem um tempo e um espaço na historieta, não obstante pronunciarem algumas palavras e servirem de satélites, minúsculos, claro está, ao serviço dos enlaces e das órbitas cruzadas das estrelas, não têm direito a um nome daqueles de pôr e tirar, tão necessários na vida como na ficção [...].[21]

A comparação das constelações com o espírito gregário humano é muito ilustrativo. Giramos como planetas e satélites no espaço social. Estabelecemos relações de intensidade heterogênea com os outros humanos, assim como os planetas têm seus satélites em órbita graças à massa e à força da gravidade. Com uma particularidade: diferentemente das órbitas planetárias, as órbitas humanas se entrecruzam, de modo que vamos mudando de planetas e satélites dos quais dependemos (ou que

Hierarquia, poder, propriedade e delimitação do território são motivações que compartilhamos com os primatas e outros mamíferos. Apesar de sua remota origem filogenética, ainda não fomos capazes de deixá-las para trás e continuam gerando ansiedade, violência e enfrentamentos. Da praia de Ipanema, no Rio de Janeiro, observa-se esta imagem peculiar: o imponente bloco de cimento do hotel de luxo da cadeia Sheraton dá as costas a uma das maiores e mais pobres favelas da metrópole — a Rocinha. Aí está, vulto imponente, desafiador.

dependem de nós) seguindo uma imaginária lei da gravidade: ganha quem tem maior massa — leia-se, "poder".

No já citado ensaio *Aún no somos humanos* está documentado que o estabelecimento de hierarquias, a delimitação do território e a defesa da propriedade são vestígios de comportamentos característicos dos primatas e de outros animais, principalmente os mamíferos. Na opinião dos autores, esses comportamentos ainda persistem e justificam o título do livro: impedem que, como espécie, avancemos outro passo na evolução para definitivamente nos diferenciarmos de nossos parentes tão próximos na escala filogenética.[4]

Hierarquia social, propriedade e poder estão inter-relacionados, mas, além disso, dependem (ou se retroalimentam) de outras motivações, como dinheiro, sexo ou ambição. E não podemos esquecer que um ou vários desses fatores também costumam estar associados ao conceito de "segurança". Essa sutil teia de aranha reforça as atitudes com o objetivo de chegar a um balanço positivo: ou conquistar uma situação que consideremos satisfatória ou alimentar as expectativas de atingi-la.

A análise da busca pelo poder em suas múltiplas facetas (religiosa, sexual, política, intelectual etc.) e das conseqüências dessa busca vai além desta introdução aos comportamentos humanos. Será suficiente esboçar alguns elementos que permitam compreender por que incluímos o poder entre as molas propulsoras que geram comportamentos e, portanto, acabam tendo uma tradução fisiológica e química no cérebro que, por sua vez, contribui com uma determinada visão diante da vida: positiva ou negativa.

• *Do PODER aos micropoderes*

Vale a pena recordar o conceito de poder tal como Michel Foucault o abordou. Esse filósofo francês afirmou que, além do "grande" poder (por exemplo, dos governos), existem as microestruturas de poder que se estabelecem entre as pessoas. Trata-se dessa pequena conquista que se persegue (similar aos quinze minutos de fama a que Andy Warhol fazia referência), e que poderiam ajudar a explicar tanto fenômenos extremos — como a violência de gênero ou o *mobbing* — quanto comportamentos de *alpinismo* profissional ou social com múltiplas e coloridas manifestações.

No contexto do que poderíamos denominar micropoder cotidiano — e além dos elementos tradicionais, como a riqueza, as propriedades ou os cargos políticos ou eclesiásticos —, convém fazer menção ao papel dos avanços da tecnologia no estabelecimento de hierarquias. Em algumas cidades as pessoas ainda lembram quem foi a primeira família a ter um automóvel, por exemplo. Ou a primeira linha telefônica. Ou o primeiro televisor.

> *Na realidade, Genuardi é um homem de uma ambição desmedida, disposto a qualquer coisa a fim de atingir os objetivos que se propõe. Além disso, sempre gosta de se fazer notar. Como prova, entre outras, mandou trazer da França um quadriciclo motorizado, caríssimo, que a empresa Panhard-Levassor, que o fabrica, chama de "Phaeton" [...]. A este comando consta que só há três máquinas desse tipo na Itália. Não satisfeito com isso, Genuardi mandou trazer, também da França, uma máquina falante e cantante chamada, à francesa,* phonograph *Edison.*[22]
>
> ANDREA CAMILLERI,
> *Por uma linha telefônica*

A análise dos períodos históricos passados indica que a socialização das aquisições humanas foram seguidas por um grande benefício social.[4] Porém, esse é um processo lento que, inevitavelmente, é precedido por um período de elitismo, durante o qual ter acesso à novidade traz implícito um *status*, uma forma de distinção, de hierarquia, de poder. Assim ocorreu com os primeiros aparelhos de vídeo ou de DVD, ou com os primeiros telefones celulares.

Algo similar está ocorrendo com o acesso à Internet; apesar da existência de muitos cibercafés, em praticamente todos os cantos do mundo, não podemos esquecer que em algumas regiões do planeta a população ainda carece de acesso regular às novas tecnologias da comunicação (seja por seu elevado custo em relação ao nível de vida ou pelo desconhecimento tecnológico dos usuários): hoje, isso provoca uma brecha tecnológica que, se não for corrigida o quanto antes, poderá contribuir com o aumento das diferenças entre as sociedades. Atualmente, em muitos lugares do planeta, estar *conectado* ou estar *em rede* ainda é sinônimo de *status*. Além disso, quem está *on-line* tem mais oportunidades, e com isso se distancia cada vez mais de quem não está.

Delimitação do território e propriedade: um curioso fenômeno também estudado pela etologia que nos humanos pode gerar angústia, aumentar o estresse ou aumentar a sensação de medo. Na imagem, moradias aéreas — colméias — em Caracas, muitas delas com aparelhos de ar condicionado.

(Naturalmente, muito mais grave e vergonhoso é que em países com grandes reservas de petróleo e gás — Venezuela ou Bolívia — ou com as maiores minas de diamantes e urânio — Namíbia — ainda haja populações sem água potável nem tratamento de esgoto.)

Para finalizar, com os micropoderes e a delimitação de território, é imprescindível fazer referência a um elemento que estabelece hierarquia, cuja consecução gera estresse e que talvez pudesse ser considerado, por si só, uma motivação específica. Trata-se do fenômeno "comprar uma casa", cuja popularização epidêmica contribui com a boa marcha da economia em muitos países.

Ter a propriedade exclusiva de alguns metros quadrados tornou-se uma meta que, em alguns países, chega a atingir proporções de projeto de vida. Enquanto estava pensando na estrutura deste capítulo, saiu nos jornais a seguinte manchete: "Os espanhóis já podem pedir uma hipoteca por cinqüenta anos"; essa opção bancária facilitará algo que já se conseguiu em outros lugares: os filhos herdam a hipoteca que seus pais adquiriram. Paga-se para ter uma propriedade da qual nunca se chega a ser proprietário. Na realidade, é um *aluguel* que entrou na moda do eufemismo.

Em sociedades em que o desemprego é uma das principais preocupações presentes e futuras, a angústia de ter que procurar uma casa transforma-se na angústia de ter que restituir o empréstimo e os juros pontualmente a esse cobrador implacável que são as entidades bancárias. Em circunstâncias assim, o medo pode se tornar facilmente protagonista do teatro da vida.

8. Um fantasma de sombra alongada chamado Medo

Só para ter uma idéia: o *site* norte-americano *The Phobia List* (http://www.phobialist.com/) inclui uma lista de 530 fobias que podem afetar o ser humano. Estão descritos medos de coisas reais ou imaginárias, de si mesmo e dos outros, de pessoas e animais, de afetos e emoções. Medo de tudo.

O medo é, primariamente, uma resposta protetora.

Precisamos do medo!
Na medida em que nos ajuda a nos protegermos dos perigos e nos dá certa dose de prudência para não dizer o que pensamos a nosso chefe ou abandonar nosso emprego sem ter ainda outra opção de trabalho [...].[23]
Pilar Jericó, *Não medo na empresa e na vida.*

O respeito ao fogo ou a sensação de vertigem ao estar junto a um desfiladeiro são respostas elaboradas pelo cérebro que permitem evitar situações de risco para a vida ou que preparam para uma fuga mais eficaz.

O medo, portanto, equilibra certos impulsos que temos desde muito pequenos. Os pais têm um papel essencial em sua transmissão. Educam seus filhos para que não se aproximem muito de uma janela, não brinquem com as tomadas [...].[23]
Pilar Jericó, *Não medo na empresa e na vida.*

Porém, esse medo protetor gera emoções, origina respostas no laboratório cerebral e pode contribuir com a visão menos ou mais negativa da vida de um indivíduo.

Enquanto o turista que chega a Windhoek (Namíbia) está esperando as malas, encontra este anúncio de um serviço de urgências médicas. "Por via das dúvidas...", diz o slogan. *O medo (e sua prevenção) é outra mola que nos mobiliza. Também vende. Neste anúncio, por trás de uma ironia que combina a lendária ferocidade dos leões e esse costume de brincar de Indiana Jones dos turistas na África, há um chamado real à saúde e à possibilidade de se ver às voltas com um problema médico em um lugar estranho. Ri de um medo e, ao mesmo tempo, desperta esse outro medo normalmente adormecido de ficar doente.*

A resposta quase automática de nos segurarmos no parapeito quando nos aproximamos da sacada de um décimo quinto andar não ativa os mesmos mecanismos que ouvir passos às nossas costas quando andamos por um lugar desconhecido e ermo durante a noite. E esse temor momentâneo que nos protege diante dos perigos é diferente da reação que, diante de um estímulo apropriado, congela a capacidade de resposta de uma maneira constante ou repetida. Em seu útil ensaio sobre a influência dos medos na vida profissional, a economista Pilar Jericó denomina-os, respectivamente, "medo equilibrante" e "medo tóxico";[23] ambos os adjetivos esclarecem perfeitamente os efeitos de cada tipo de medo.

Sob a perspectiva da motivação humana que aqui estamos tratando, esse "medo tóxico" é o que origina mais comportamentos *patológicos*. E não só dá lugar à clássica resposta de ficar congelado e sem capacidade de reação diante do que atemoriza, mas também desencadeia uma série de comportamentos mais ou menos complexos, cuja análise pode explicar atitudes que, *a priori*, parecem excentricidades, manias, superstições etc.

Diante de um medo tóxico, a pessoa afetada logo aprende a perceber situações que antecipam a chegada desse medo, fato pelo qual a resposta vegetativa e a fuga também se antecipam. É algo parecido ao que acontece às cobaias dos experimentos pavlovianos. Coloca-se um rato em uma gaiola e vão sendo aplicadas pequenas descargas elétricas em suas patas, que só cessam quando ele aprende a baixar uma alavanca situada junto ao dispensador de água. Depois de repetir algumas vezes o experimento, o tempo transcorrido entre o início da descarga e a resposta de baixar a alavanca torna-se cada vez mais curto. Mas, se a freqüência de descargas for muito elevada, pode-se fazer que o rato não saia das imediações da alavanca ou, inclusive, que a pressionar se torne sua única atividade, para evitar completamente as descargas. Se afastarmos o rato da alavanca, seu nível de estresse aumentará e rapidamente tentará encontrar o caminho para ela.

Imaginemos, agora, que dois segundos antes da descarga fazemos soar uma campainha. Ao cabo de meia dúzia de repetições, o rato aprenderá que a campainha está associada à descarga elétrica, de modo que, quando ouvir a campainha, correrá para a alavanca. Associará algo neutro e inofensivo como o ruído da campainha à descarga elétrica e aprenderá a ter "medo da campainha". Isso seria um medo tóxico para esse rato.

Agora, se avançarmos um passo e fizermos a alavanca "salvadora" desaparecer, quando o rato ouvir a campainha, dará início a uma busca frenética pela alavanca que se traduzirá em uma deambulação desesperada por toda a gaiola.

Esse simples mecanismo está por trás de muitos medos tóxicos dos humanos, e esse tipo de associação aparentemente irracional (mas que pode ter sua lógica, devido a lembranças e condicionamentos — às vezes muito remotos) gera *comportamentos de evitação* ativa. Nessas situações, se forem impedidos comportamentos de fuga ou de evitação, é possível que tudo isso se traduza em tensões musculares ou outras doenças psicossomáticas.

O medo motiva.

O medo *vende* (por exemplo, noticiários), assim como acontece com as desgraças alheias, e faz comprar (seguros, armas, proteção antibalas, proteção antinuclear, proteção anti-roubo).

Há alguns medos mais ou menos universais. Por isso, não é de se estranhar que o medo seja freqüentemente utilizado para conseguir uma resposta social determinada. Às vezes, basta apenas sugeri-lo; nem é preciso nomeá-lo.

Quando estou fora da Espanha e não tenho acesso fácil à Internet, procuro me informar das notícias européias pela televisão; isso me obriga a ver os canais especializados em proporcionar informação 24 horas por dia. Em quase todos eles, as manchetes vão passando sem cessar na parte inferior da tela, independentemente da voz do apresentador, de modo que as vinte ou trinta frases sucintas são repetidas a cada dois ou três minutos. Desde setembro de 2001, cada vez que sintonizei um desses canais, pude ler a manchete: *Terror level* (nível de terror), que, ainda, na maioria das vezes, costuma merecer o adjetivo *high* (alto). Qual deve ser a sensação do espectador que recebe diariamente essa informação? E, principalmente, o que se pretende ao gerar essa *notícia*?

Barry Glassner, sociólogo e professor da Universidade de South California, escreveu um completo e documentado ensaio intitulado *Cultura do medo*. Parte de uma pergunta inicial que parece muito reveladora:

> *Por que tememos cada vez mais o que deveríamos temer cada vez menos?*[24]
>
> B. GLASSNER, *Cultura do medo*.

Nesse ensaio, vários exemplos são detidamente analisados, como os acidentes de trânsito, a presença da criminalidade nos noticiários televisivos ou os riscos a que a juventude está submetida.

Por que será que, apesar de os índices de criminalidade terem caído durante a década de 1990, dois terços dos norte-americanos têm certeza de que aumentaram? Em meados da década, 62% da população descreviam-se como "verdadeiramente desesperados" em relação à criminalidade — quase o dobro do que no final da década de 1980, quando os índices de criminalidade eram mais elevados. [...] No final da década de 1990, o número de usuários de drogas havia sido reduzido à metade em relação à década anterior; quase 66% dos alunos do último ano do ensino médio nunca haviam consumido nenhum tipo de droga, nem sequer maconha. Então, por que a maioria dos adultos considera que o consumo de drogas é o maior perigo para a juventude americana?[24]

Não há dúvida de que os meios de comunicação (com seu necessário exercício de síntese), a colaboração mais ou menos consciente de alguns líderes políticos (com mensagens ambíguas) e a repetição insistente ajudam a manter o medo. As mensagens ficam suspensas no ar, como nos grandes *shows*, quando alguém joga um balão gigante sobre os espectadores e eles o vão passando de uma mão à outra, por cima de suas cabeças, sem que nunca toque o chão.

Barry Glassner publicou a primeira edição de seu ensaio em 1999, ou seja, antes dos atentados de 11 de setembro de 2001 e as posteriores intervenções no Afeganistão e no Iraque. Portanto, não traz as tergiversações sobre as supostas "armas de destruição em massa", outro exemplo do uso do medo reconhecido por seus próprios protagonistas. Enquanto estou escrevendo esta seção, três anos depois do início dessa guerra, ainda aparecem na mídia notícias sobre os relatórios da CIA e sobre como foram modificados para conseguir o apoio internacional aos ataques.

Além dessas campanhas de medo mais ou menos *global*, outro dos temores que motivam comportamentos esquivos e geram um alto grau de ansiedade é o *medo da mudança*, medo de que as coisas se movam sob nossos pés, que percamos essa âncora que nos dá segurança.

A estabilidade das coisas ou situações, especialmente quando proporcionam bem-estar ao indivíduo, é algo que confere segurança. Pensar que isso possa mudar a qualquer momento nos aterroriza. *Atingir e manter a estabilidade (fictícia) é outro dos grandes motivadores do ser humano.*

Há alguns anos, pediram-me que traduzisse alguns textos sobre budismo do inglês para o catalão. Não sou seguidor de nenhuma religião, nem sequer do ateísmo. Porém, no livro *Os lugares que nos assustam*, de Pema Chodron, descobri uma idéia da doutrina budista que me pareceu interessante e útil:

> A primeira premissa da existência é que não há nada estático nem imóvel; que tudo é breve e temporário. Essa é a situação normal e corrente das coisas. Tudo está em processo. Tudo — cada árvore, cada folha, os animais, os insetos, os seres humanos, os edifícios, o animado e o inanimado — se encontra, por outro lado, permanente, em todo momento. Não é necessário sermos místicos nem físicos para saber; apesar disso, no plano de nossa experiência pessoal, resistimos a esse fato básico. Significa que a vida nem sempre se encontrará do nosso lado. Significa que há perdas e ganhos. E não gostamos disso.
>
> Certa vez, mudei de emprego e de casa ao mesmo tempo. Sentia-me insegura, cheia de insatisfação. Fui falar com Trungpa

Rinpoche com a esperança de que me ajudasse nessas mudanças; disse-lhe que tinha problemas com as transições. Olhou-me como se não me entendesse e comentou: "Estamos sempre em transição". E acrescentou: "Se você for capaz de se sentir relaxada com essa idéia, não terá problema nenhum".[25]

A "solução" habitual consiste em esconder a cabeça debaixo da asa e fingir não ver nem ouvir. Conseguimos isso enchendo-nos de atividades, capazes de mascarar a situação e que contribuem com esse carnaval permanente no qual o cérebro humano está acostumado a disfarçar as sensações, as emoções e os pensamentos.

Muitas das motivações descritas até aqui fazem parte dessas estratégias: consumir compulsivamente, manter-se ocupado (e, por via das dúvidas, procurar mais tarefas do que podemos realizar racionalmente), perseguir o poder ou exercer o papel de eterno tecelão. E, tudo isso, acompanhado de um adjetivo comum: "rápido".

9. O CULTO AO SUPERSÔNICO

Uma manhã, meu amigo Jordi Nadal me ligou e disse: "Ouça a frase que acabei de ler: *Quando a pessoa patina sobre gelo fino, a salvação é a velocidade*. Não representa perfeitamente a vida atual?". Essa frase do pensador bostoniano Ralph W. Emerson aparece citada no livro que Zygmunt Bauman escreveu sobre a fragilidade das relações humanas no mundo atual, e continua:

Quando a qualidade não nos dá sustentação, tendemos a buscar remédio na quantidade [...]. Continuar em movimento, antes um privilégio e uma conquista, torna-se, agora, uma obrigação. Manter a velocidade, antes uma aventura prazerosa, torna-se um dever extenuante. E, principalmente, a feia incerteza e a insuportável confusão que supostamente a velocidade afugentaria ainda continuam lá.[26]

A velocidade está em tudo. A pressa é constante. Vivemos em aceleração progressiva. Chegamos ao ponto em que nosso motor está tão acelerado que, apesar de conseguirmos tirar o pé do acelerador, muitas vezes a inércia continua nos mantendo a toda velocidade.

É preciso fazer verdadeiros esforços para ir devagar.

Consumimos a vida em pílulas, só porque assim tudo é mais rápido e parece que o tempo rende mais. Hoje em dia já não precisamos ler os clássicos; basta ler um livro que resuma em apenas trinta linhas o argumento de cada um dos duzentos livros considerados essenciais para "ter assunto de conversa". Até mesmo a realidade complexa de todo o mundo é resumida em manchetes expostas durante os trinta minutos diários de notícias em pílulas televisionadas. O grande jornalista e retratista da vida humana Ryszard Kapuscinski comenta:

> E eis que há tantas coisas que não podem ser "vendidas" a um jornal: a atmosfera, o clima, o ambiente da rua, os rumores que circulam pela cidade, esses milhares de elementos que encerram a essência do acontecimento relatado, que no dia seguinte aparece na edição da manhã resumido em apenas seiscentas palavras.[27]

Tudo é velocidade, inclusive durante os momentos de lazer. Agitação em uma tarde chuvosa na confeitaria La Campana, em Sevilha.

Cada gênero literário tem sua época dourada. Saíram de moda os poemas épicos, as tragédias gregas, Proust, Cervantes e Dickens. Chegou a vez desse novo gênero que é o *slogan*, obras frutos de difíceis reuniões de *brainstorming* pensadas para levar à ação, para despertar algumas das molas do ser humano. Síntese (portanto, tesouradas) e elipse (portanto, suposições cuja interpretação fica para o destinatário). Diz o semiólogo Ignacio Ramonet:

> Se analisarmos três ou quatro jornais de grande tiragem, embora pertençam a famílias ideológicas diferentes, apresentam o mesmo tipo de informação, a mesma hierarquização da atualidade, a mesma fotografia, inclusive o mesmo título sobre a mesma informação [...]. Se quisermos outra coisa, a idéia de uma informação alternativa, também é difícil de encontrar. A neces-

sidade é sentida em massa, mas é difícil de satisfazer. Acho que, primeiro, é preciso ter uma espécie de convicção de que isso é necessário. Segundo, é preciso ter a certeza de que existe outra maneira de ver a realidade contra a que nos dão como algo evidente [...]. Nós temos que partir do princípio de que, quando a informação funciona assim, é porque provavelmente há outra coisa, é preciso acreditar nisso e tentar encontrá-la.[28]

Não temos paciência. Paciência e viver em um ritmo *humano* são atitudes de má fama. Andamos tão depressa que queimamos etapas. O ser humano (pelo menos, nas sociedades ocidentais do Norte) vive mais tempo que nunca. A média de vida se aproxima dos oitenta em muitos países e, além disso, conseguimos fazer com que muitas pessoas atinjam essa idade com um estado de lucidez e faculdades físicas excelentes. Porém, apesar dessa dilatação em tempo real, vivemos com mais sensação de pressa que nunca.

Quanto mais velozes são os meios de comunicação e menos tempo leva para realizar um vôo transatlântico ou deslocar-se de uma capital para outra, mais queremos aproveitar esse tempo resgatado.

Há 25 anos, se uma notícia tinha que chegar logo, enviávamos um telegrama. Só podíamos telefonar (e as ligações intercontinentais eram muito caras) se estivéssemos em casa ou em uma cabine telefônica; nem todas as cabines permitiam realizar chamadas internacionais. Mandávamos um documento de três páginas por fax, desde que o receptor tivesse acesso a algum aparelho de fax. As comunicações habituais e muitas transações eram feitas por carta (que demorava entre dois e dez dias ou mais para chegar a seu destino).

Hora do rush em Bangkoc. Na capital tailandesa (5,5 milhões de habitantes) há várias horas de pico por dia. Duas ou três vias de trânsito superpostas ficam em completo colapso. Todo o mundo tem pressa ao mesmo tempo e, paradoxalmente, essa pressa comunitária transforma-se em paralisia. Pena que seja uma paralisia à custa de estresse e secreção excessiva de corticóides.

Hoje, a qualquer momento do dia e praticamente de qualquer lugar, localizamos qualquer pessoa por meio do celular. Se quisermos que seja mais econômico, enviamos um *sms* com o mesmo aparelho. Em instantes redigimos a mensagem e recebemos a resposta. Se o caso for de documentos com imagens e texto, também em poucos segundos podemos remetê-los ao destinatário, no recanto mais escondido do planeta, por meio do correio eletrônico.

E, apesar desse aumento de velocidade, se em alguns minutos não obtivermos resposta à mensagem eletrônica, ligamos para saber o que aconteceu.

Em vez de aprender a administrar o *tempo ganho*, ainda queremos mais rapidez: quanto mais depressa podemos fazer as coisas, mais depressa queremos fazer.

Essa epidemia tem muitas causas, e uma delas é a economia de mercado e a necessidade de renovar estoques para manter (ou aumentar) as vendas:

1. Potencializa-se ao máximo o conceito de obsolescência das coisas. Tudo tem data de vencimento: o que não estraga com o tempo adquire uma pátina de "velho", "antiquado" ou "fora de moda" que agride o orgulho de seu proprietário. *Não se pode* usar mais de dois anos seguidos o mesmo celular. Ao nome do modelo do automóvel acrescenta-se o ano, para que a antiguidade do carro se torne bem evidente. E isso sem falar da roupa.
2. Prende-se o *público pré-adolescente*. Os pais acham *engraçado* que — seguindo a voragem da pressa — seus filhos e filhas pequenos *já* se vistam como jovens aos dez anos, tenham seu celular e sua motocicleta. E, ao mercado, naturalmente interessa ampliar seus clientes, principalmente se o novo consumidor tiver a tendência à imitação bem aguçada, se for um consumidor que não paga diretamente, mas que pede a seus pais que consumam por ele, e se tiver poder sobre quem paga.
3. *Já não é necessário esperar.* Classicamente, sonhava-se com o objeto a comprar. Economizava-se para poder comprá-lo e, enquanto isso, pensava-se bastante na conveniência de fazê-lo. Em meados do século passado foi inventado um retângulo de plástico chamado cartão de crédito, que já facilitava entrar no mercado de consumo apesar de não se ter dinheiro: bastava parcelar o montante em tantos meses quantos fossem necessários. Hoje, foram inventados os créditos automáticos que pedem, sem rodeios, que a pessoa salte as etapas de *sonhar* com o que tanto deseja, de pensar no momento em que o conseguirá, de se preparar para ir comprar, comprar e usar. *Todo esse processo fica miseravelmente reduzido a dois verbos: desejar e comprar.* E, quanto mais

próximos, mais impulsivos e menos refletidos, tanto melhor para a economia (dos outros).

Em um recente artigo, o filósofo Rafael Argullol chamava isso de "O fascismo da posse imediata".[29]

O pensador francês Gilles Lipovetsky comenta:

> O homem *cool* não é nem o decadente pessimista de Nietzsche nem o trabalhador oprimido de Marx; parece-se mais com o telespectador olhando por curiosidade, um após outro, os programas da noite; com o consumidor enchendo seu carrinho; com quem está de férias indeciso entre alguns dias nas praias espanholas e o *camping* da Córsega. A alienação analisada por Marx, resultante da mecanização do trabalho, deu lugar a uma apatia induzida pelo campo vertiginoso das possibilidades e pelo *self-service* generalizado; então, começa a indiferença pura, livre da miséria e da "perda de realidade" do início da industrialização.[30]

Esse novo panorama está em perfeita harmonia com o moderno léxico da sedução que invade a publicidade onipresente. O "campo vertiginoso de possibilidades" exige que proliferem as chamadas de alerta, as sereias sedutoras do vasto oceano. Alguns de seus adjetivos principais são: "exclusivo", "juvenil", "único", "diferente"; entre os substantivos mais desejados destacam-se: "felicidade", "juventude", "tranqüilidade", "não estresse", "silêncio", "descanso". Além disso, é uma linguagem com muitos anglicismos poderosos: *fashion* ou *top* são sinônimos de *élite*, e procura-se o *fitness* para ficar *healthy*.

Esta é a contribuição do *turbocapitalismo* para a velocidade. A expressão é de Carl Honoré, o jornalista escocês que se tornou porta-voz do chamado *Slow movement* [Movimento lento]. Em seu aclamado livro *Devagar*, descreve com detalhes as vantagens de pôr o pé no freio de nossa existência e tentar ir devagar em vários aspectos da vida, desde comer — seguindo essa sábia iniciativa da *slow-food*, os restaurantes de comida lenta, em oposição aos desacreditados *fast-food* — e trabalhar, até o lazer e o sexo. A idéia de fundo consiste em encontrar o tempo exato para cada coisa porque, como repete várias vezes o autor, "ir devagar" não é sinônimo desse malvisto *ser um lento*, mas de "controlar os ritmos de nossa vida".

> Apesar dos murmúrios dos mercadores de velocidade transformados em Cassandras, constata-se que "mais devagar" freqüentemente é sinônimo de "melhor": melhor saúde, melhor trabalho, melhores negócios, melhor vida familiar, melhores exercícios, melhor cozinha e melhor sexo.[31]

Estive em Corrientes (Argentina) para participar de seminários sobre a promoção do uso racional dos medicamentos junto com o cordobês Jorge Aguirre. Nossa anfitriã Mabel Valsecia nos levou a tomar um chimarrão em El Paso de la Patria, lá onde o rio Paraná tornou-se fronteira líquida. Quando o Sol deslizava pelo horizonte levando parte do mormaço subtropical, levou-nos em seu automóvel até uma localidade próxima, situada além do fim da estrada asfaltada e oculta por enormes árvores de copas frondosas. Uma antiga estação de trem em desuso dá as boas-vindas ao núcleo urbano. Não há muito mais: umas dúzias de casas de um ou dois andares entre a vegetação frondosa e um parque onde uma placa garante que ali esteve o general Mitre depois de fazer sua campanha no

Paraguai. Pelas ruas de terra só se vêem poucos vizinhos de aspecto tranqüilo que olham com curiosidade para os que estão nesse automóvel barulhento que rompe seu silêncio no entardecer. Nesse quadro de lentidão onírica e relaxante, chamou-me a atenção algo que só percebi quando fomos embora: o cartaz de boas-vindas ao povoado diz: "Santa Ana de los Guácaras — Onde é possível ter o tempo entre as mãos".

Pouco depois de voltar de Corrientes, Jordi Nadal mandou-me alguns capítulos da revisão que, junto com Ventura Ruperti, estavam fazendo para a segunda edição de seu acertado *Meditando el* management... *y la vida*. Anotei uma frase em que deveríamos começar a pensar qualquer dia desses:

Quando a pessoa tem a sensação de ir a toda velocidade para lugar nenhum, talvez tenha chegado o momento de se fazer muitas perguntas, algumas das quais provavelmente dolorosas.[32]

JORDI NADAL e VENTURA RUPERTI,
Meditando el management... *y la vida*.

Há muitos sintomas. Basta tentar recordar quantas vezes por semana surpreendemos a nós mesmos chegando ao trabalho sem saber que tempo está fazendo ou quem estava na portaria, porque enquanto andávamos pela rua estávamos *preparando* a reunião das dez da manhã e, ao mesmo tempo, *ouvindo* os problemas de nossa filha com uma colega de classe. Depois, ao atravessar o vestíbulo, estávamos *lendo* as manchetes do jornal, *cumprimentando* o porteiro e *vendo* de soslaio a nova pasta de couro do colega rival que se senta à mesa ao lado.

A velocidade, aparentemente efeito secundário do sistema de mercado e do estresse ocupacional, freqüentemente contagia o almoço e o tempo de ócio. E também a vida social, as relações amorosas e o sexo, as últimas motivações que comentaremos.

10. Eros, em três dimensões e em cores

A espécie humana é gregária; gosta (e precisa) de estabelecer relações com seus congêneres. Se dermos uma olhada na tabela 2.1, perceberemos que desde a primeira necessidade descrita por Murray (afiliação) até a vigésima (o sexo), pelo menos dezessete delas são necessidades nas quais algum tipo de relação com os outros está envolvido (vingar-se, ser cuidado, ser compreendido, defender-se de críticas ou humilhações, dominar, brincar). Talvez esse fato explique por que o dinheiro, a aparência, as posses, o trabalho ou a pressa nos motivam tanto.

Na realidade, *apenas explica*, visto que *nem sempre justifica*. Achamos que, se trabalharmos mais horas, ganharemos aquele prestígio que perseguimos. Ou que, se conquistarmos uma barriga mais lisa ou um peito de um número maior, melhoraremos a qualidade de nossas relações sociais. Ou que, se juntarmos mais dinheiro, teremos mais relações sexuais.

O economista britânico Andrew Oswald, a quem já nos referimos anteriormente, publicou um curioso estudo junto com David Blanchflower, do Dartmouth College nos Estados Unidos. Intitula-se *Dinheiro, sexo e felicidade: um estudo empírico*.[33] Essencialmente, para comprovar até que ponto era verdadeira a idéia difundida de que as pessoas mais ricas têm maior atividade sexual e são mais felizes, os autores reuniram dados de 16 mil cidadãos norte-americanos selecionados ao acaso e cruzaram três variáveis: seus ganhos, informação sobre sua atividade sexual e a valoração de sua *felicidade*.

É curioso observar as tabelas com os dados da pesquisa: não existe nenhuma relação entre o dinheiro que a pessoa possui e a freqüência com que mantém relações sexuais, um resultado tão válido para homens quanto para mulheres.

Ao procurar as variáveis relacionadas com o maior número de parceiros sexuais nos últimos doze meses, os autores encontraram vários fatores combinados; por exemplo, o número é maior para homens separados, o que tem uma explicação lógica. Mais chocante é o achado de que as pessoas desempregadas tiveram mais parceiros sexuais durante o último ano. Além disso, contrariamente à lenda, também não há correlação significativa entre o dinheiro e o número de parceiros sexuais.

Rubem Fonseca, um dos grandes romancistas brasileiros, incompreensivelmente pouco editado na Espanha, escreveu um diálogo entre dois protagonistas de suas histórias; em determinado momento, um comenta com o outro:

> [...] Até mesmo dois miseráveis vagabundos podem ter os mesmos prazeres voluptuosos na cama que os ricos [...].[34]

Uma visão simples, mas demolidora, que deixa clara a essência do prazer sexual. Mais recentemente, o romancista inglês Tibor Fischer escreveu:

Até os milionários têm uma mente, uma boca, duas orelhas, dois olhos e um único terminal de prazer. A diversão é limitada [...].[35]

A dimensão sexual de Eros motiva e preocupa a tal ponto que praticamente todas as coletividades humanas têm normas e definem tabus em função de doutrinas várias. Desde tempos remotos, considera-se que o comportamento sexual herdado ou compartilhado com os outros hominídeos — como a promiscuidade pacífica dos bonobos (*Pan paniscus*) —, deve ser *reconduzida*, quando não condenada como *pecado* ou efetivamente castigada, até mesmo com a morte.

Jordi Sabater-Pi, professor emérito de Psicofisiologia da Universidade de Barcelona com vastíssima experiência de campo em várias regiões da África, ao referir-se aos bonobos da antiga República Democrática do Congo (atual Zaire), comenta:

> Justamente o comportamento sexual é um dos elementos distintivos dos bonobos. Para eles, o sexo não só é um instrumento de reprodução, mas também serve para obter favores e para acalmar os ânimos.[36]

Porém, a sexualidade humana foi oculta por tantas camadas de normas, pudor, leis e proibições que seu efeito pacificador freqüentemente foi desvirtuado e totalmente neutralizado por respostas de angústia capazes de modificar não só o estado de ânimo momentâneo, mas também o estabelecimento das relações sociais. Voltaremos à dimensão de Eros ao descrever a química das emoções nos próximos capítulos.

Algumas relações sexuais (entendidas como o contato social entre duas pessoas com fins sexuais, embora não se produza coito) causam ou são acompanhadas por um estado conhecido como *paixão* ou *amor romântico*.

O amor foi material de trabalho de poetas, romancistas, filósofos, fotógrafos, pintores, escultores, cineastas e músicos. Era como se o amor não combinasse com os cientistas circunspetos. Pelo menos, até pouco tempo atrás.

Vários estudos chegam à conclusão de que essa segunda dimensão de Eros — a paixão — tem a missão de facilitar a reprodução, proporcionar sensação de segurança e reduzir a ansiedade e o estresse.[37] Como teremos oportunidade de comentar nos próximos capítulos, a paixão intensa e profunda é uma etapa que, segundo as últimas pesquisas realizadas com ajuda de técnicas complexas — como a ressonância magnética — depende da participação ativa de diversas estruturas do cérebro e muitos neurotransmissores.[38] Além disso, a euforia induzida pelo amor romântico é um fenômeno comum na maioria das culturas; embora as manifestações externas e os rituais que a acompanham possam variar, provavelmente o fundo neuroquímico é o mesmo.

Além das relações sexuais e da paixão, há outro tipo de relação com nossos congêneres que carecem dessa abordagem erótica, embora compartilhem um denominador comum: a *sedução*. Uma sedução com matizes e entendida em sentido amplo, tal como a define o dicionário ideológico de Julio Casares: "cativar o ânimo com algum atrativo físico ou moral". Essa seria a terceira dimensão de Eros, talvez o Eros (aparentemente) menos erótico, mas, em se tratando de relações humanas, a fronteira é extraordinariamente tênue.

As relações entre pessoas, esse ir-e-vir das órbitas e planetas a que José Saramago se referia, são as grandes protagonistas das principais necessidades do ser humano. Eros, em seu sentido amplo e tridimensional, pode se tornar a mola propulsora mais poderosa, que gera comportamentos e interage de maneira mais ou menos explícita com outras molas e motivações, até o ponto de ser difícil determinar o que é causa e o que é conseqüência.

O indivíduo se mobiliza por e para as relações humanas (para consegui-las, para destruí-las, para reforçá-las, para trocá-las). E tudo isso tem várias conseqüências que apontamos de maneira reduzida (e, portanto, possivelmente incompleta, embora útil para o propósito deste livro introdutório). As relações humanas:

1. ativam regiões cerebrais determinadas e liberam substâncias químicas apropriadas que estimulam esse comportamento ou o detêm;
2. geram novas emoções (euforia, alegria, tristeza, riso, frustração, angústia, medo, dor, estresse) em função da comparação entre os resultados obtidos ou percebidos e os resultados esperados (expectativas);
3. estabelecem vínculos entre as emoções, os neurotransmissores, os estímulos e o funcionamento de outros órgãos do corpo humano, sensíveis a essa maré de substâncias e impulsos neuronais, e
4. tudo isso se transforma, no cérebro, em sensações que denominamos genericamente de "bem-estar" ou "mal-estar".

Os capítulos seguintes têm por objetivo analisar os diferentes comportamentos originados por essas motivações utilizando a informação que o microscópio nos proporciona. Tentaremos responder a perguntas como:

O que acontece em nosso cérebro quando fracassamos?

O que acontece quando estamos submetidos ao estresse constante do trabalho e percebemos que não podemos atender a todas as nossas responsabilidades?

Por que, depois de ter desejado algo durante muito tempo, quando finalmente o conseguimos não nos sentimos especialmente felizes?

Como é possível que algumas pessoas tenham vontade de brincar mesmo depois de um fracasso significativo?

Referências

1. BEIGBEDER, F. *13,99 euros*. Barcelona: La Campana, 2002. [Edição brasileira: *$29,99*. Rio de Janeiro: Editora Record, 2003.]
2. WITTGENSTEIN, L. *Tractatus logico-philosophicus*. Madri: Alianza Universidad, 1997. [Edição brasileira: *Tractatus logico-philosophicus*. São Paulo: Edusp, 2001.]
3. PUNSET, E. *El viaje a la felicidad*: las nuevas claves científicas. Barcelona: Ediciones Destino, 2005. [Edição brasileira: *Viagem para a felicidade*. São Paulo: Academia da Inteligência/Planeta, 2007.]
4. CARBONELL, E. e SALA, R. *Encara no som humans*. Barcelona: Editorial Empúries, 2002. [Edição espanhola: *Aún no somos humanos:* propuestas de humanización para el tercer milenio. Barcelona: Ediciones Península, SA, 2002.]

5. LINDZEY, G.; HALL, C. S.; THOMPSON, R. F. *Psicología*. Barcelona: Ediciones Omega, 1978, p. 341-367.
6. HOLMES, T. H. e RAHE, R. H. The social readjustement rating scale. *Journal of Psychosomatic Research* 1967, 11:213-218.
7. GARDNER, J. e OSWALD, A. J. *Money and mental health*: a study of medium-sized lottery winners. 2005. Artigo *on-line*: http://www2.warwick.ac.uk/fac/soc/economics/staff/faculty/oswald/lotteries05.pdf (acesso junho de 2006).
8. SMITH, D. M.; LANGA, K. M.; KABETO, M. H. e cols. Health, wealth, and happiness. *Psychological Science* 2005, 16:663-666.
9. OSWALD, A. J. Happiness and economic performance. *Economic Journal*, abril de 1977.
10. OSWALD, A. The hippies were right all along about happiness. *Financial Times*, 18 de janeiro de 2006.
11. MARMOT, M. *Status syndrome*: how social standing affects our health and longevity. Londres: Bloomsbury Press, 2004.
12. GALBRAITH, J.K. *A economia das fraudes inocentes*: verdades para o nosso tempo. São Paulo: Companhia das Letras, 2004.
13. BLANCHFLOWER, D. G. e OSWALD, A. J. Happiness and the human development index: the paradox of Australia. *Australian Economic Review*, junho de 2005.
14. LYUBOMIRSKY, S. e ROSS, L. Hedonic consequences of social comparison: a contrast of happy and unhappy people. *J Personal Soc Psychol* 1997, 73:1141-1157.
15. SCHMICH, M. *Filtro solar*. Rio de Janeiro: Sextante, 2004.
16. QUEBEC ACTION NETWORK FOR WOMEN'S HEALTH. *Change-*

ments sociaux en faveur de la diversité des images corporelles. 2001.
17. Magro, A. M. Why Barbie is perceived as beautiful. *Percept Mot Skilis* 1997, 85:363-374.
18. Brownell, K. D. e Napolitano, M. A. Distorting reality for children: body size proportions of Barbie and Ken dolls. *Int J Eat Disord* 1995, 18:295-298.
19. Kelley, A. E.; Bakshi; V. P.; Haver, S. N. e cols. Opioid modulation of taste hedonics within the ventral stristum. *Physioloy & Behavior* 2002, 76:365-377.
20. Heber, D. *La dieta de los colores*. Barcelona: Paidós, 2007.
21. Saramago, J. *O homem duplicado*. São Paulo: Companhia das Letras, 2002.
22. Camilleri, A. *La concesión del teléfono*. Barcelona: Destino, 1999. [Edição brasileira: *Por uma linha telefônica*. Rio de Janeiro: Bertrand Brasil, 2001.]
23. Jericó, P. *Nomiedo:* en la empresa y en la vida. Barcelona: Alienta, 2006. [Edição brasileira: *Não medo na empresa e na vida*. São Paulo: Planeta, 2006.]
24. Glassner, B. *Cultura do medo*. São Paulo: Francis Editora, 2003.
25. Chodron, P. *Vés als llocs que t'espanten*. Barcelona: Viena Edicions, 2003. [Edição brasileira: *Lugares que nos assustam*. Rio de Janeiro: Sextante.]
26. Bauman, Z. *Amor líquido*: acerca de la fragilidad de los vínculos humanos. Madri: Fondo de Cultura Económica, 2005. [Edição brasileira: *Modernidade líquida*. Rio de Janeiro: Jorge Zahar, 2005.}
27. Kapuscinski, R. *El mundo de hoy*. Barcelona: Anagrama, 2004.

28. AGUIRRE, M. e RAMONET, I. *Rebeldes, dioses y excluidos*: para comprender el fin del milenio. Barcelona: Icaria, 1998.
29. ARGULLOL, R. El fascismo de la posesión inmediata. *El País*, 14 de fevereiro de 2006.
30. LIPOVETSKY, G. *La era del vacío*: ensayos sobre el individualismo contemporáneo. Barcelona: Anagrama, 1987. [Edição brasileira: *A era do vazio*. São Paulo: Manole, 2005.]
31. HONORÉ, C. *Devagar*: como um movimento mundial está desafiando o culto da velocidade. Rio de Janeiro: Record, 2005.
32. NADAL, J. e RUPERTI, V. *Meditando el* management... *y la vida*. Barcelona: Gestión 2000, 2005.
33. BLANCHFLOWER, D. G. e OSWALD, A. J. Money, sex and happiness: an empirical study. *Scandinavian Journal of Economics*, 2004.
34. FONSECA, R. *E do meio do mundo prostituto só amores guardei ao meu charuto*. São Paulo: Companhia das Letras, 1997.
35. FISCHER, T. *Viaje al fondo de la habitación*. Barcelona: Editorial Tusquets, 2005.
36. SABATER-PI, J. e DURÁN, X. *O traç de la natura*. Barcelona: Edicions 62, 2001.
37. SUE-CARTER, C. Neuroendocrine perspectives on social attachment and love. *Psychoneuroendocrinology* 1998, 23:779-818.
38. ARON, A.; FISHER, H.; MASHEK, D. J. e cols. Reward, motivation, and emotion systems associated with early-stage intense romantic love. *Journal of Neurophysiology* 2005, 94:327-337.

Que maravilhosa ocupação entrar em um café e pedir açúcar, outra vez açúcar, três ou quatro vezes açúcar, e ir formando um montão no centro da mesa, enquanto cresce a ira nos balcõese por baixo dos aventais brancos [...].[1]

J. Cortázar, *Maravillosas ocupaciones.*

Capítulo 3
Da porta para dentro

❦

Você nunca se perguntou por que certa manhã estoura um conflito internacional em um remoto e aparentemente anódino lugar do planeta?

Provavelmente a resposta estará nos mapas.

Do mesmo modo que conhecer a fundo a geografia terrestre é essencial para compreender as guerras pela conquista de um território, conhecer a topografia cerebral e o laboratório interno é a chave para entender nossas reações, nossas apetências, nossas filias e fobias, ou a cor com que vemos o futuro.

Em sua *Biographie de la faim* [Biografia da fome] (uma boa reflexão literária sobre os impulsos humanos), a romancista Amélie Nothomb escreve, lacônica:

O atlas fala.[2]

Partamos de reações e comportamentos, como esse *maravilhoso* passatempo do protagonista do conto de Julio Cortázar que abre este capítulo. Ou de algo mais *cotidiano*, como em um romance de Houellebecq:

Perguntei-me onde estaria Rudi. As duas alemãs voltaram para se secar. Vista de perto, Pam parecia mais miúda, quase uma menina com seus cabelos pretos curtos; mas a placidez animal de Bárbara era impressionante. Verdadeiramente, tinha belos peitos, e me perguntei se seriam operados [...].

Havíamos trocado algumas palavras sobre os protetores solares, a diferença entre o fator do fabricante e o real: podíamos confiar na norma australiana? Pam lia um romance de Marie Desplechin traduzido para o alemão, o que me teria permitido iniciar uma conversa sobre assuntos literários: mas não sabia muito bem o que dizer de Marie Desplechin e, principalmente, começava a me inquietar a ausência de Rudi. Bárbara apoiou-se sobre os cotovelos para participar da conversa. Não conseguia parar de olhar seus seios; tinha consciência de que estava ficando excitado. Infelizmente, ela não falava nem uma única palavra em francês. *"You have very nice breast"*,* disse-lhe, para sondar o terreno. Ela esboçou um sorriso amplo e respondeu: *"Thank you"*.** Tinha uma longa cabeleira loira, olhos azuis e, certamente, a aparência de uma garota corajosa. Enquanto me levantava, expliquei: *"I must look at Rudi. See you later..."*;*** e nos despedimos trocando acenos com a mão.³

Nos capítulos anteriores, descrevemos como as motivações e os impulsos originam comportamentos no ser humano. A ciência vem fornecendo dados que nos permitem compreender cada vez mais precisamente que mecanismos fisiológicos e que reações químicas estão envolvidos em respostas como a vio-

---

*   "Você tem seios muito bonitos."
**   "Obrigada."
***   "Tenho que procurar Rudi. Nos vemos depois..."

lência, o prazer, a frustração ou a paixão. Esse conhecimento, quando integrado a uma visão humanista do mundo, permite interpretar o indivíduo e a sociedade de uma maneira mais lúcida que o dogmatismo religioso ou a literatura sem uma base humana.

Ondas remodelando a lava da costa de Lanzarote, perto de onde Michel Houellebecq ambientou sua história. Em qualquer situação social, ondas sucessivas de estímulos externos penetram pelas portas e janelas do indivíduo por meio dos órgãos dos sentidos. No cérebro, integram-se aos impulsos e à memória, e o indivíduo elabora uma resposta. Às vezes, há diversos impulsos simultâneos (o sexual e a procura pelo amigo Rudi, nesse caso) originados em pontos diferentes do cérebro, e é preciso decidir.

No processo de geração de respostas a partir das motivações intervêm outros elementos que explicam por que os comportamentos, diante de um mesmo impulso, são tão variados em função do indivíduo e do momento.

Parafraseando o filósofo Ortega y Gasset, nossas circunstâncias somam-se a nós e modulam as respostas; naturalmente, todo esse processo requer um maestro, um centro de operações, um disco rígido: o cérebro.

> *O universo (que outros chamam de Biblioteca) é composto por um número indefinido, e talvez infinito, de galerias hexagonais, com vastos poços de ventilação no meio, cercado por parapeitos baixíssimos. De qualquer hexágono podem-se ver os pisos inferiores e superiores: interminavelmente.*[4]
>
> J. L. Borges, *La Biblioteca de Babel*.

1. Topografia íntima

Lembram-se do chicle Bazoka, que fazia as maiores bolas?
Um domingo pela manhã, antes de ir para o aeroporto de Ezeiza e pegar o avião que iria me devolver a Barcelona, aproveitei para passear pelas impressionantes livrarias da avenida Corrientes da capital portenha. Quando encontrei uma cabine telefônica, entrei para ligar para meus filhos, e enquanto procurava os pesos para pagar, algo chamou minha atenção: entre a imensidão de caixas com guloseimas que cercava a garota do caixa, havia uma cheia de chicles da marca Bazoka. Trata-se de uma goma de mascar rosada, cilíndrica, de três *andares* e

embrulhada em papel alumínio prateado e branco, com as letras azuis e vermelhas. Era das poucas marcas de chicle que existiam na Espanha dos anos 1960, e naquela época ainda era feito com a pasta da árvore *chico zapote*, que cresce nos bosques tropicais do golfo do México e Guatemala. Fazia, talvez, 35 anos que essa imagem não me chegava à retina; porém, enquanto pagava a ligação, meu pensamento deu um passeio rápido entre recordações escolares relacionadas a essa guloseima, lembranças que nem imaginava ter armazenadas.

Esse caso não tem nada de extraordinário. Constantemente há fragrâncias, músicas ou sabores que nos *transportam*, que evocam outras circunstâncias e, às vezes, essa recordação vem acompanhada pelo grau de bem-estar que experimentamos na situação original, até o ponto de nos modificar o humor presente. Algumas vezes, cansado das horas de espera nos aeroportos, nesse estado de semi-hipnose que ajuda a não se desesperar pelos atrasos e por outros inconvenientes, observei como *acordo* ao identificar casualmente a fragrância do perfume de Estée Lauder, que minha companheira costuma usar, entre a onda de estímulos olfativos dos outros que esperam.

Existe uma relação entre o entorno imediato do indivíduo, seu cérebro e o resto do organismo. Na realidade, a linguagem coloquial tem várias expressões que ilustram o que há algumas décadas a neurofisiologia vem demonstrando. "Sentir um nó no estômago", "estar com o coraçao na boca", "ficar sem respiração", "doer o coração" ou os escatológicos "cagar-se de medo" ou "mijar de rir" são algumas amostras da inter-relação entre o entorno e o aparelho digestivo ou o sistema circulatório; essa inter-relação tem uma base neurológica sólida.

Como mostra a figura 3.1, qualquer resposta do indivíduo depende de uma ordem cerebral. E o cérebro dá essa ordem depois de receber informação externa e interna, que filtra convenientemente.

Esse processo de *filtração* depende de fatores como a personalidade (com seu componente genético — portanto, herdado — e o componente aprendido a partir de experiências prévias). Depende do grau de imaginação ou de abstração que usemos. E também depende de fatores como a confiabilidade com que os órgãos dos sentidos traduzem para o cérebro a realidade que nos envolve — *traduttore, traditore*.* Por exemplo, o cérebro de uma pessoa com problemas visuais ou auditivos recebe informação distorcida; depois, o processo de tradução conduz a uma interpretação errônea e, portanto, a uma resposta que não corresponde à realidade.

O curioso é que o afastamento da realidade não se limita aos déficits sensoriais. Acontece normalmente entre pessoas sem nenhum problema e em situações cotidianas.

> Por acaso você nunca saiu de uma reunião discutindo com algum de seus colegas de trabalho se o chefe tinha acabado de afirmar que era para fazer "A" ou "B"?
>
> Objetivamente, a mensagem foi a mesma. Porém, você colocaria a mão no fogo afirmando que ele disse "A", e seu colega apostaria a metade do salário afirmando que disse "B". Como isso é possível?

---

* Em italiano: tradutor, traidor.

[MOTIVAÇÃO] → ◯ → [COMPORTAMENTO]

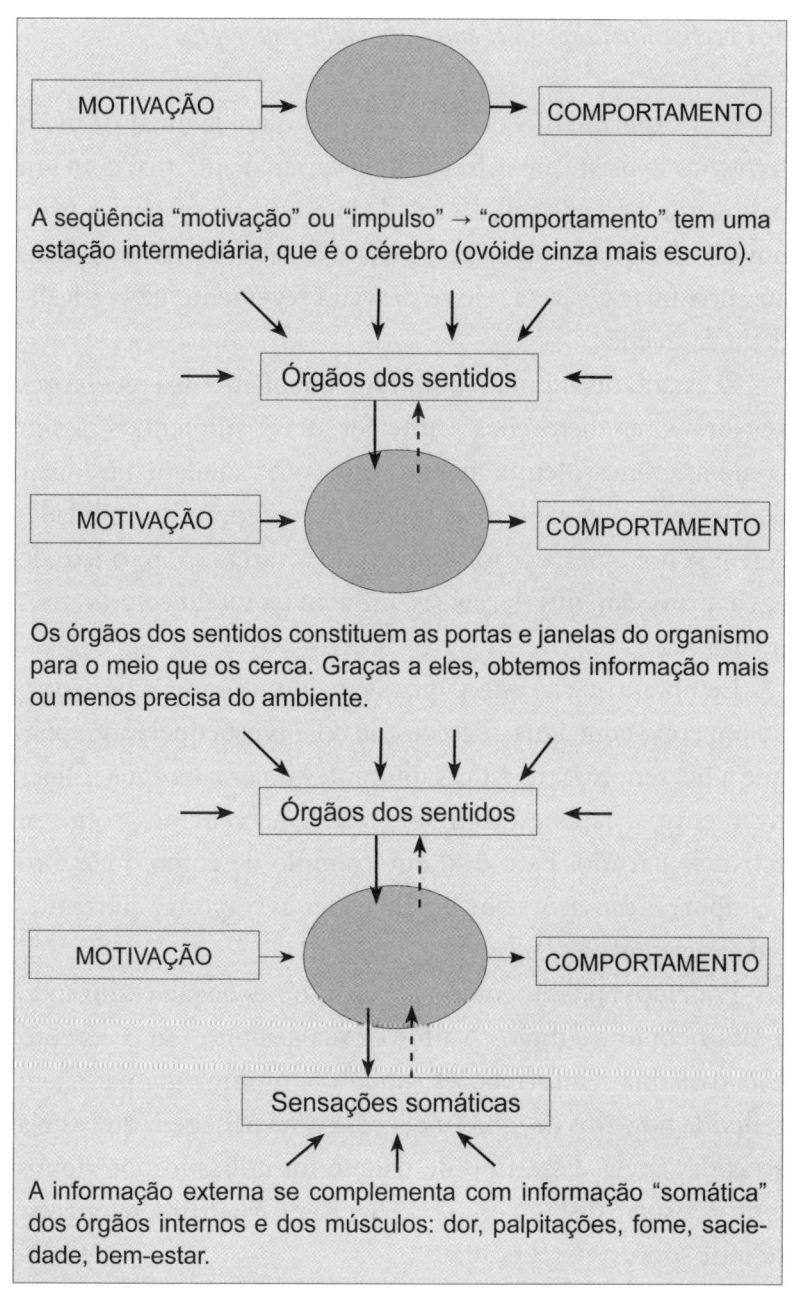

A seqüência "motivação" ou "impulso" → "comportamento" tem uma estação intermediária, que é o cérebro (ovóide cinza mais escuro).

→ [Órgãos dos sentidos] ←
[MOTIVAÇÃO] → ◯ → [COMPORTAMENTO]

Os órgãos dos sentidos constituem as portas e janelas do organismo para o meio que os cerca. Graças a eles, obtemos informação mais ou menos precisa do ambiente.

→ [Órgãos dos sentidos] ←
[MOTIVAÇÃO] → ◯ → [COMPORTAMENTO]
[Sensações somáticas]

A informação externa se complementa com informação "somática" dos órgãos internos e dos músculos: dor, palpitações, fome, saciedade, bem-estar.

Figura 3.1.

• *A brecha intransponível entre realidade e percepção*

Um experimento clássico em qualquer manual de *física recreativa* consiste em esfregar uma vareta de plástico com um pano para carregá-la de eletricidade estática e aproximá-la de um jato de água da torneira. Se o jato for suficientemente fino, ao aproximar a vareta, ele se desviará levemente da verticalidade da queda.

O estado de ânimo, o bom funcionamento dos receptores sensoriais, as distorções e interferências ambientais, assim como as crenças, lembranças e convicções, ajudam a traduzir de maneira menos ou mais precisa a percepção da realidade. Agem sobre a percepção assim como a vareta sobre o jato de água: provocam interferências, influem no modo como vemos o entorno.

Lembra o que acontece quando colocamos um lápis dentro de um copo com água? Parece que o lápis está quebrado, porque a luz tem características diferentes no ar e na água. Objetivamente, o lápis está inteiro, mas o percebemos como se estivesse partido. Este é só um exemplo de como o cérebro manipula as sensações que lhe chegam e as respostas que emite; daí a *importância de saber ler a realidade*.

Podemos analisar como a percepção nos engana utilizando a visão como exemplo. Na fotografia seguinte, se o cérebro não tiver mais informações, pode confundir uma paisagem refletida no vidro de uma janela com uma paisagem que esteja atrás da janela. Esse tipo de truque foi utilizado por alguns pintores surrealistas, como o belga René Magritte, para fazer refletir sobre a percepção.

Eduardo Punset comenta: "diante da impossibilidade de

processar a realidade complexa, o cérebro cria modelos abstratos",[5] que às vezes distam da realidade, mas que permitem explicar o que acontece.

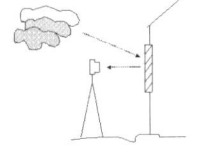

Uma janela através da qual se vê uma paisagem nublada no exterior? Ou uma janela externa que reflete uma paisagem nublada? Sem mais elementos, a percepção pode ser enganosa. O esquema da direita mostra como foi captada a imagem em uma casa de Florianópolis (SC).

Quanto mais complexa for a realidade, maior pode ser a brecha entre esta e sua interpretação.

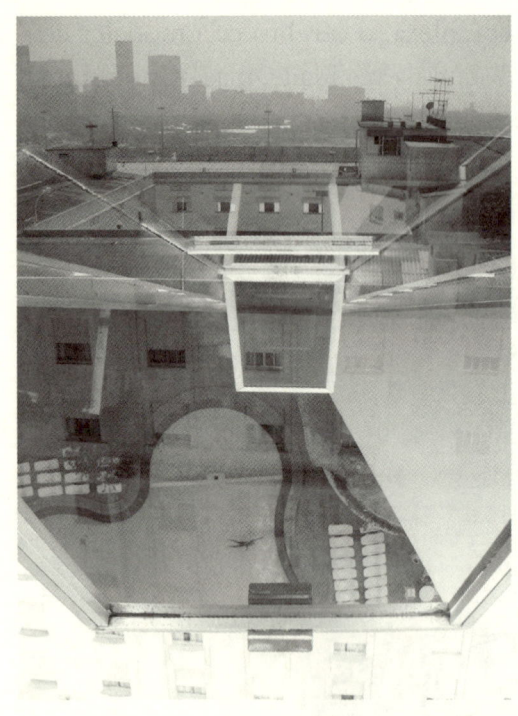

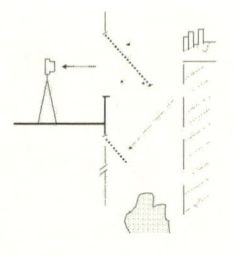

Através da janela de meu quarto em um hotel do Rio de Janeiro, via esta imagem de superposição de reflexos sobre a paisagem real de arranha-céus da parte superior. As perspectivas e os planos cruzados, inclusive a piscina vertical, mostram uma realidade impossível, mas que é possível no cérebro.

---

*Vivemos nossas vidas cotidianas em um constante intercâmbio
com o conjunto de aparências que nos cerca; freqüentemente,
são muito familiares, às vezes inesperadas e novas,
mas sempre nos confirmam em nossas vidas.*[6]
JOHN BERGER, *La forma de un bolsillo [A forma de um bolso]*.

Constatar a imperfeição das janelas do cérebro é um passo essencial para compreender o comportamento humano. Não só porque permite explicar a causa de determinadas respostas, mas porque as limitações dos sentidos são freqüentemente utilizadas para manipular os impulsos e motivações que constituem a sociedade atual.

Em 1978, tive a oportunidade de participar de um curso de fotografia de Joan Fontcuberta; ele nos explicava alguns truques de fotomontagem, 25 anos antes da popularização da

Em comparação com outros mamíferos, o ser humano perdeu a capacidade auditiva e olfativa. A progressiva monotonia dos sabores ameaça nos fazer perder a capacidade gustativa. A visão é um sentido ainda bastante poderoso. Entre outras coisas, permite-nos captar a comunicação não verbal. Por exemplo, vendo um rosto, podemos compreender o estado de ânimo. Porém, é preciso lembrar que pode haver erros. Na imagem, uma menina posa para a fotografia.

fotografia digital e do programa *Photoshop*. Joan Fontcuberta preocupava-se com a alteração da realidade por meio das imagens como arma para criar opinião ou para induzir à ação. Em suma, para limitar a liberdade. Hoje, esse fotógrafo tem obras expostas no MOMA de Nova York ou no Centro Georges Pompidou de Paris, só para citar dois museus como referência. Além disso, é autor de exposições de grande popularidade (inclusive em São Paulo), como *Fauna Secreta* — onde partia de um suposto arquivo com imagens fotográficas de animais imaginários (como uma serpente com patas ou um centauro) pertencente a dois *alter egos* do começo do século XX, os cientistas Peter Ameisenhaufen e seu ajudante Hans von Kubert.

Quando crianças, contam-nos muitas mentiras. Algumas são poéticas, outras nem tanto. O problema é que, quando nos tornamos adultos, continuam nos contando.[7]

JOAN FONTCUBERTA, *fotógrafo.*

Por acaso você chegou a ver algum dos famosos aerólitos que caíram misteriosamente do céu durante a década de 1990?

Você era dos que pensavam que se tratava de gelo que se desprendia das asas dos aviões?

Ou era dos que defendiam a tese do líquido dos vasos sanitários que se congelava ao cair?

Bem, na realidade, essa campanha de grande impacto na mídia espanhola no fim da década de 1990 também foi atribuída à genialidade e engenhosidade de Joan Fontcuberta. Para gerar uma campanha além de qualquer lógica física, bastaram algumas fotografias de blocos de gelo de 8 kg e cerca de 30 cm de diâmetro, as declarações públicas de outro *alter ego* do fotógrafo, o dr. Juan García-Schroder — físico das nuvens *funcionário* do Centro Superior de Investigações Científicas (CSIC) —, a cumplicidade de alguns jornalistas e algumas cartas à redação do jornal assinadas com pseudônimos diferentes. A percepção pode nos enganar, e sempre há quem esteja disposto a manipulá-la, conhecendo esses mecanismos sutis — e não exatamente com fins lúdicos ou de denúncia, como os de Fontcuberta.

Enganam-nos e nos enganamos. Voltemos a olhar atentamente para a fotografia da página 105. Onde foi tirada? Por que essas crianças estão posando? O que é o grande cartaz que está no extremo superior esquerdo da imagem? Podemos conjeturar que estava calor e que as duas crianças parecem contentes. Mas pouco além disso. Vejamos a imagem original.

A fotografia foi tirada em Katutura, uma *location* (favela) situada a poucos quilômetros da capital da Namíbia, cujo nome significa "lugar aonde eles não querem ir". O bairro foi fundado nas épocas mais duras do *apartheid* e, como se pode ver na imagem completa, é uma região economicamente muito deprimida. O plano mais amplo da fotografia permite ver duas meninas e dois meninos em frente a sua casa, uma construção com paredes de latão e madeira em um bairro que cresce sobre uma colina; é uma região sem água encanada, onde o esgoto corre pelas *ruas* sem asfalto. Os grandes cartazes com rostos de mulheres européias correspondem a um salão de cabeleireiro ao ar livre.

O enquadramento das imagens (ou seja, a eliminação daquilo que não julgamos interessante) e o uso de programas de computador de retoque fotográfico nos permitem conseguir uma cena *neutra e açucarada* como a primeira, com o fundo difuso, para eliminar detalhes *feios* ou *inconvenientes*.

Os órgãos dos sentidos são como essa câmera fotográfica cuja objetiva permite obter imagens da realidade em grande angular ou em teleobjetiva. O cérebro é o Photoshop.

Em seu *Viagem para a felicidade*, Eduardo Punset destaca o fenômeno da desatenção cega — que descreveremos brevemente, a título de exemplo final —, como o cérebro é capaz de prestar atenção seletiva (e, portanto, distorcida) na realidade. O princípio consiste em que, quando uma questão determinada nos interessa (nos motiva, faz parte de nossas crenças etc.), não prestamos atenção a nada que não se relacione com a questão central de nosso interesse nesse momento. Ele ilustra isso com a experiência de um cientista americano que recebeu cientistas da antiga URSS e lhes deu uma conferência sobre mofo mucilaginoso. O auditório mostrou-se totalmente desinteressado até ele pronunciar a seguinte frase: "são organismos unicelulares com tendência *a formar coletivos*". Nesse momento, a atitude do auditório mudou completamente, por ter ouvido uma expressão que lhe *pareceu marxista*.[5] Esse fenômeno pode ser observado em vários âmbitos das relações, e até, poderia explicar a falta de permeabilidade ao conhecimento ou às razões das ortodoxias religiosas, políticas ou culturais (cujo denominador comum, diga-se de passagem, seria conveniente analisar em outro livro). Compreender as razões neurofisiológicas e psiconeurológicas da vida cotidiana abre as portas para encontrar soluções inteligentes.

Em resumo: o cérebro filtra, distorce ou interpreta o mundo e dá suas respostas peculiares, circunstanciais. Onde isso ocorre?

• *Os três cérebros*

No início da década de 1970, a revista francesa *Paris-Match* publicou uma série de três artigos sobre um cientista nascido em Hanói em 1914; neles, explicava como decidiu aplicar o curare na obstetrícia, após observar os efeitos relaxantes nos músculos das vítimas atingidas pelas flechas envenenadas que algumas tribos do Amazonas usam. Porém, naquela época adolescente, o que mais me interessou nesse médico chamado Henri Laborit foi o último artigo da série, que se referia à possibilidade de pôr humanos para hibernar.

Na primavera de 1979, soube que ele ia dar uma palestra no Institut Français de Barcelona, e fui ouvi-lo, movido pela curiosidade. Além disso, naquela época eu escrevia crônicas ocasionais para o jornal *El Correo Catalán*, e ocorreu-me que uma entrevista com o *pai* da hibernação poderia ter certo atrativo. De modo que, antes das sete da noite, dei um jeito de entrar nos bastidores do salão, onde fiz algumas perguntas rápidas ao palestrante, exatamente antes de ele começar a conferência. A entrevista nunca foi publicada, porque, como contarei a seguir, Henri Laborit não havia ido para falar sobre hibernação, mas sobre outro tema que acabaria me interessando mais. Porém, nessa breve troca de palavras, quando lhe perguntei sobre a contribuição de suas diferentes facetas de médico, farmacologista e neuropsicólogo, deu-me uma resposta de que me lembrei em inúmeras ocasiões, por sua simplicidade e, ao mesmo tempo, por sua profundidade: "Antes de mais nada", disse, "temos que ser humanos".

Henri Laborit não falou sobre hibernação em Barcelona, mas não saí decepcionado de sua palestra. Pelo contrário. Lá o ouvi falar sobre comportamento, agressividade e sociedade. Em suma, sobre o cérebro humano e as teorias que havia escrito em textos clássicos como *Introducción a una biología del comportamiento*[8] (e que alguns anos depois refletiria no filme *Meu tio da América*, dirigido por Alain Resnais e protagonizado, entre outros, por Gérard Depardieu e o próprio Laborit).

Essencialmente, Laborit partiu da descrição original de Mc Lean (em 1964) e as aprofundou em um cérebro cujas áreas podem ser divididas em três regiões inter-relacionadas, mas com funções bastante diferenciadas.

I. A região anatomicamente mais interna foi chamada de cérebro reptiliano. É um cérebro filogeneticamente antigo, que o ser humano compartilha com outros animais e se encarrega dos comportamentos estereotipados (aqueles que estão programados por aprendizagens ancestrais). É a parte do cérebro que se ocupa das funções instintivas, como a manutenção do território, o estabelecimento de hierarquias, o acoplamento reprodutivo ou comportamentos de alimentação, entre outros.

Esse cérebro reptiliano (também conhecido como sistema límbico) inclui diferentes estruturas da base do cérebro (veja a figura 3.2). Não nos deteremos em sua descrição, porque foge do propósito deste texto; porém, é essencial recordar nomes como tálamo, amígdala cerebral ou hipotálamo. O tálamo, por exemplo, é considerado a "porta do cérebro" ou o "guardião da consciência".[9] É tão importante que, por exemplo, tem conexões diretas com alguns órgãos dos sentidos, e é o lugar onde se *decide* quais estímulos sensoriais se tornarão conscientes; em outras palavras, decide que estímulos *passam* e quais não. Por exemplo, a que música prestamos atenção quando andamos pela rua no verão, enquanto de cada janela sai um ruído diferente.

A amígdala é outra área importante do sistema límbico; participa da geração das emoções, do medo e da agressividade; além disso, modula o que depende das emoções, como a aprendizagem, a memória, o comportamento social ou a adaptação (*coping*, em terminologia norte-americana).[10]

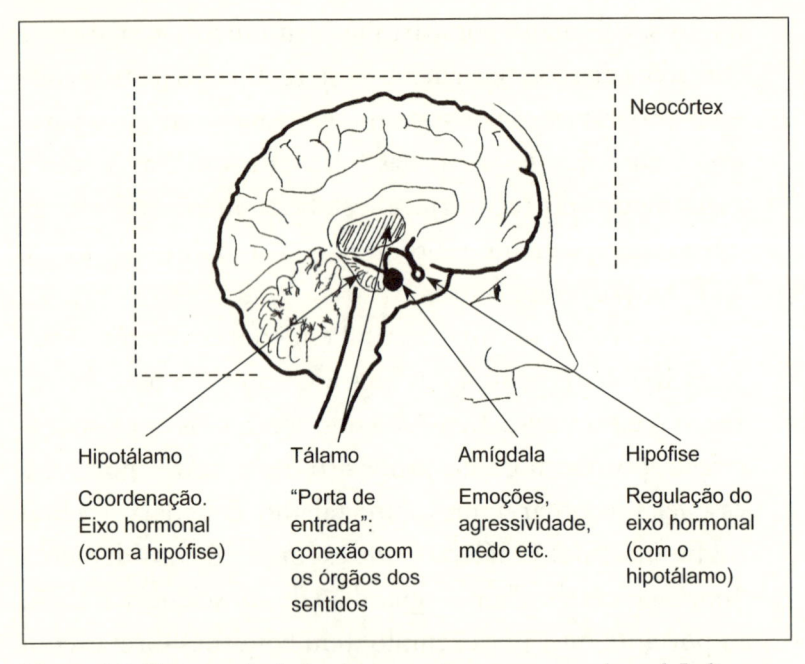

Hipotálamo	**Tálamo**	**Amígdala**	**Hipófise**
Coordenação. Eixo hormonal (com a hipófise)	"Porta de entrada": conexão com os órgãos dos sentidos	Emoções, agressividade, medo etc.	Regulação do eixo hormonal (com o hipotálamo)

Figura 3.2. Esquema do cérebro humano visto em um corte lateral. Indicamos a parte correspondente ao neocórtex e alguns dos componentes do sistema límbico.

II. O *cérebro dos mamíferos* é uma estrutura formada por córtex cerebral, que recobre a primitiva área reptiliana. Essencialmente, permite escapar do comportamento estereotipado que o cérebro reptiliano dita, principalmente quando esse comportamento é inapropriado por causa do ambiente.

Trata-se de um córtex cerebral primitivo, associado ao sistema olfativo e ao hipotálamo (que regula um dos eixos hormonais mais importantes do organismo). Como lembra Laborit: "Papez demonstrou que intervém em atividades emocionais e endócrinas, e na manipulação das sensações viscerais".[8]

III. O *neocórtex*, o córtex cerebral superior, é a parte mais externa do cérebro e recobre o cérebro dos mamíferos.

Os neurônios do córtex cerebral têm uma missão diferencial no cérebro humano: lá se encontram as áreas de interpretação dos órgãos dos sentidos e é a *região onde se dão as associações*. Fazer associações é a base para adaptar-se melhor ao meio e ter comportamentos cada vez menos estereotipados, que nos distinguem dos outros animais. Mas, principalmente, o cérebro humano, graças ao neocórtex, tem capacidade para relacionar a informação que lhe chega do entorno (através do cérebro mais primitivo) com as lembranças. Essa associação entre passado e presente permite *imaginar o futuro*, permite a *abstração* e permite a *criatividade*.

Simples assim, e ao mesmo tempo tão complexo.

No exemplo da bebida da figura da página 115, podemos apreciar a inter-relação entre os *cérebros*. Convém prestar atenção na maneira como um estímulo externo (visual, neste caso) ativa o complexo processo para manipular as lembranças e a abstração, com a finalidade de alterar uma sensação interna e provocar uma conduta específica (busca de uma bebida de cola de uma determinada marca).

Quando, nos capítulos anteriores, nos referíamos ao enorme poder da publicidade para gerar comportamentos dos quais não tínhamos consciência antes de a mola propulsora ter sido ativada, referíamo-nos a esse tipo de interação. Tal como afirma Henri Laborit: "convém não esquecer que o cérebro aperfeiçoado da espécie humana foi construído com base no

A ingestão de líquido é vital. Temos que beber água regularmente para recuperar o que perdemos ao urinar, ao transpirar e ao respirar.
Receptores localizados principalmente nos vasos sanguíneos e nos rins detectam quando as reservas de líquido começam a cair.
O cérebro traduz isso em sensação de sede. Portanto, damos início a condutas que visam procurar água. Podemos estar realizando outras coisas no momento, mas de vez em quando soará o alarme: "Você tem que beber água!".
Quando estamos saciados, deixamos de ter sede. Esse processo, às vezes, é totalmente automático: temos sede, levantamo-nos, localizamos a garrafa e um copo, bebemos e retornamos a nossa tarefa anterior.
Às vezes, conseguir beber não é simples. Maria e o vento pareciam não se entender. Fonte pública no Fòrum de les Cultures de Barcelona.

O neocórtex permite fazer associações. Basta ver um fragmento de uma conhecida garrafa de uma bebida de cola para que esse estímulo visual desperte a lembrança poderosa de seu sabor agradável e refrescante. Essa lembrança interfere nos mecanismos homeostáticos e desperta a sensação de sede. Agora, o neocórtex utilizará seus mecanismos para pensar onde conseguir essa bebida e promover comportamentos de busca, mesmo se não necessitarmos do líquido.
O que acontece se não houver nenhuma loja aberta e não conseguirmos realizar nosso desejo? (1) Reconduzimos a situação; (2) temos uma sensação de mal-estar, de angústia ou de pressa. Ou (3) mostramos um comportamento violento. Anúncio da Coca-Cola em um ponto de ônibus na ilha de Aruba.

cérebro primitivo [...]. Ignorar sua existência e sua potência fundamental é abrir um longo caminho para o estabelecimento de alterações como as neuroses, principalmente se o grupo social a que o indivíduo pertence obriga a sufocá-lo ou a inibir seu funcionamento".[8]

- *Homeostase, reflexos e comportamentos adquiridos*

A unidade básica de funcionamento do cérebro é o chamado ato reflexo. Trata-se de uma resposta a um estímulo com o objetivo de manter a *homeostase* — a situação de equilíbrio energético e metabólico. Retirar a mão de uma chama ou levantar o pé quando pisamos em algo cortante são respostas automáticas a estímulos; freqüentemente, não temos consciência delas antes de as termos concluído. O automatismo permite rapidez e, ao mesmo tempo, libera o cérebro de ter que prestar atenção constante a esses aspectos.

Outros mecanismos um pouco mais complexos também visam manter a homeostase, mas requerem algum tipo de participação consciente, como procurar comida quando se tem fome, ou bebida quando se tem sede.

Finalmente, existem os reflexos adquiridos, que requerem a participação da memória (que possibilita a aprendizagem). Os reflexos adquiridos, que são inúmeros, têm um papel básico na vida social: evitam comportamentos aleatórios ou imprevisíveis, que dificultariam a convivência do indivíduo com seus congêneres. Aprendemos que a água sai da torneira; aprendemos que, se compramos algo, devemos pagá-lo, ou aprendemos que não se urina em público.

A memória e o circuito de aprendizagem desses reflexos adquiridos são processos delicados. Quando se repete várias vezes a seqüência

estímulo → resposta → gratificação → lembrança

facilmente ela se torna reflexo adquirido. Porém, convém não esquecer que, às vezes, esse processo pode sofrer *interferências* de um segundo estímulo (que gera ansiedade, medo ou dor); facilmente o estímulo 1 será associado à resposta do estímulo 2 (mais poderoso que a gratificação):

estímulo 1 → resposta → gratificação → lembrança

+

estímulo 2 → ansiedade → lembrança

=

estímulo 1 → ansiedade → lembrança

Essa é a base que explicaria muitos dos chamados comportamentos de aversão ou de medo diante de situações aparentemente neutras. A crise de ansiedade ao entrar em um avião seria um exemplo relativamente comum. Sentir certa apreensão de realizar algumas atividades faz parte da resposta para preservar o indivíduo diante de situações perigosas, mas, quando a resposta é excessiva, é claramente contraproducente. É o que Pilar Jericó denomina o *medo tóxico*.[11]

O problema é que o ser humano nem sempre é capaz de diferenciar corretamente os estímulos e as respostas. Essa *aprendizagem errônea* é fruto de uma má calibragem ou de interferências com outros estímulos. É um mecanismo que explica algumas respostas não convencionais ou claramente patológicas.

Já pensou se há algo que lhe causa ansiedade ou medo e que seus familiares, amigos ou colegas de trabalho são capazes de enfrentar sem o menor problema?

Eduardo Punset comenta: "Se todos fôssemos capazes de calibrar o perigo que uma ameaça representa, o recurso ao medo permitiria que, após a explosão de uma bomba em um estádio de futebol, a multidão encontrasse, ordenada e naturalmente, a saída".⁵

A questão-chave é justamente essa má calibragem, não só do medo, mas também de outros estímulos percebidos.

Assim como a substância mais inofensiva pode provocar uma intoxicação se for ingerida em doses inapropriadas, a interpretação mal decodificada do entorno torna-se algo tóxico no processo do pensamento.

As *aprendizagens errôneas* devidas a interferências geram respostas inadequadas ao estímulo que, ou são negativas para o próprio indivíduo, ou originam conflitos sociais (como mal-entendidos, zangas, situações de ciúmes etc.).

E, na outra face da moeda, essa *aprendizagem errônea* abre a porta para o mau uso: mostra-nos que a manipulação das pessoas é incrivelmente simples. O que é, então, associar uma abstrata "felicidade" ou uma indefinida "paixão" ao fato de comprar um determinado celular ou um sorvete de manga?

• *As duas faces da memória*

As células cerebrais estão unidas entre si por meio de sinapses, que constituem uma rede de uniões e conexões quase infinita. Parece que os neurofisiologistas concordam que a base bioquímica da memória — das lembranças — são sinapses ativadas. Quando tornamos a recordar alguma coisa, a mesma sinapse ativada inicialmente torna a fazê-lo: revivemos o que recordamos, reconstituímos biologicamente o caminho neuronal.[5]

Graficamente, poderíamos utilizar a analogia de uma pista de esqui. O primeiro esquiador encontra a neve virgem. Desce veloz e deixa a marca leve de seus esquis na pista; se nevar e nenhum outro esquiador descer, a marca desaparecerá. Porém, se um segundo e um terceiro esquiador seguirem o caminho do primeiro, um caminho de neve firme ficará marcado, e, apesar de continuar nevando, esse caminho traçado inicialmente irá ficando cada vez mais marcado à medida que mais esquiadores o utilizarem.

Em seu completo livro sobre o otimismo, o psiquiatra Luis Rojas Marcos comenta a importância, para a sociedade ou para uma família, da rememoração coletiva das lembranças.[12] Seria uma maneira de potencializar essa reativação das sinapses.

A memória permite recordar sensações e situações agradáveis, de bem-estar. Como reproduz Rojas Marcos, parece até que "o otimismo é uma das formas de memória", no sentido de que as pessoas otimistas tendem a evocar as lembranças positivas da vida, o que, indubitavelmente, predispõe a uma visão de futuro mais positiva.[12]

Porém, a memória também *lembra* de episódios negativos que, por meio das funções de abstração e de previsão do futuro próprias do neocórtex, geram situações de ansiedade, medo, evitação ou inibição da ação.

• *O estresse nosso de cada dia*

Durante milhões de anos, os organismos vivos foram desenvolvendo numerosas e variadas estratégias para se proteger das ameaças (p. ex., micróbios, meios hostis e traumas associados a um entorno rapidamente variável). Essas ameaças são chamadas "perturbações" quando são fracas e "estresse" quando são poderosas.[13]

Atualmente, a palavra "estresse" faz parte de nosso vocabulário habitual. Todo o mundo *está estressado*, e isso é sinônimo de ter que fazer várias tarefas correndo contra o relógio. Porém, o sentido original do termo era um pouco diferente: em 1936, Hans Selye, um médico de origem húngara, publicou um artigo na revista *Nature*, no qual propunha uma nova hipótese: diante de situações hostis e ameaças, o organismo responde com o que denominou *"síndrome de adaptação geral"*.

Em presença de uma ameaça origina-se essa resposta, que tem três etapas:

1. *reação de alarme* — o corpo se prepara para lutar ou fugir: fica tenso e o coração bate depressa, para distribuir o sangue corretamente;
2. *adaptação* — posto que nenhum organismo é capaz de manter essa situação tensa durante muito tempo, a segunda etapa é adaptativa (desde que tenha sobrevivido à primeira etapa, naturalmente); cria-se resistência à ameaça;
3. *esgotamento* — supondo que o organismo ainda resista, e se a ameaça for suficientemente duradoura.

Mais adiante, Selye batizou essas ameaças de "situações de estresse"; daí derivou o uso atual do termo para definir um estado.

Os primeiros hominídeos, assim como outros mamíferos superiores, tiveram que se adaptar para poder sobreviver a situações de estresse, como fugir do ataque de alguma fera. Essa é uma circunstância ameaçadora breve, e a resposta do organismo permite fugir ou se defender. Talvez o perigo dos leões — como o da foto — tenha desaparecido nas sociedades industrializadas. Mas, por outro lado, os seres humanos en-

O ser humano está bem adaptado para responder a um estresse de curta duração como o da fotografia: um leão se aproxima do fotógrafo rugindo e tenta atingi-lo com a pata. Porém, o ser humano ainda não se adaptou ao estresse de longa duração e indefinido (o estresse psicológico). Este se tornou um dos principais problemas da sociedade atual e constitui outro dos exemplos de situação na qual não transcorreu tempo suficiente para que a evolução nos tenha adaptado.

frentam outro tipo de situações estressantes, mais perigosas — se é que isso é possível —, porque somos incapazes de identificá-las corretamente, de lhes fazer corresponder uma *imagem*; é o chamado *estresse psicológico*.

Robert Sapolsky é um professor de Neurociências da Universidade de Stanford. Tornou-se popular após a publicação de um livro intitulado *Why zebras don't get ulcers?* [Por que as zebras não têm úlceras?]; [14] porém, sua sólida carreira científica é muito mais ampla. Essencialmente, Sapolsky e sua equipe foram os primeiros a demonstrar que quando somos submetidos a uma situação de estresse contínuo (principalmente durante a etapa de *esgotamento*), ocorrem lesões na região do hipocampo e, além disso, a secreção de hormônios chamados glicocorticóides é estimulada. Esses hormônios caracterizam-se por sua toxicidade neurológica (veja pág. 136).

O acertado título do livro de Sapolsky dá a chave dessas questões: a zebra foge de um leão com todas as suas forças durante três minutos e, se conseguir despistá-lo, recupera-se do estresse e continua deambulando, comendo e copulando tranqüilamente, até que torne a perceber um novo perigo. Porém, o ser humano (que sofre de úlceras, sim):

- vê-se submetido a situações de ameaça psicológica que lhe são imprevisíveis e de longa duração;
- guarda a situação de estresse na memória, junto com todos os condicionadores associados a esse estresse (um lugar, uma pessoa, uma música — algo parecido ao que acontecia com aquele cão de Pavlov que foi condicionado a responder ao som de uma campainha —, e

- tem essa arma poderosa do neocórtex que é a imaginação: basta recordar a situação estressante ou uma relacionada com ela para desencadear a resposta emocional de estresse (tensão, manifestações orgânicas como sudorese, palpitações ou dor de estômago): gera-se ansiedade.

> Portanto, essas ferramentas tão maravilhosas que são a imaginação, a memória e a aprendizagem podem se tornar uma arma terrível contra nós mesmos, quando sucumbimos a mecanismos fisiológicos em situações sociais que não sabemos dominar.

Poderíamos considerar que o *estresse* é uma das epidemias do século; aliás, a Organização Mundial da Saúde faz menção a ela ao se referir ao bem-estar das pessoas. Quando a resposta de adaptação falha, cria-se facilmente uma espiral: a situação *estressante* gera uma resposta de ansiedade; se a situação estressante persistir, cresce a ansiedade, e a ansiedade constante favorece o aparecimento de depressão, além de várias afecções orgânicas como as que citamos anteriormente.

Nessas circunstâncias, a personalidade e a maneira como enfrentamos os desafios e nos adaptamos a esse tipo de situação adversa tem um papel fundamental.

• *A difícil adaptação*

Você é daqueles que choram quando vêem uma cena comovente em um filme?

Quando o chefe lhe dá uma bronca, cala-se e passa o fim de semana se torturando? Ou cala-se, mas desconta no primeiro que aparecer na sua frente quando sair do escritório?

Diante de impulsos emocionais e motivacionais, cada indivíduo exerce um certo controle sobre as respostas. É o que se conhece como *inibição da ação*. Muitas vezes, ser capaz de controlar impulsos emocionais é útil para atingir com sucesso um objetivo. Porém, a inibição de emoções negativas pode não ser uma boa estratégia. Alguns estudos realizados em situações específicas demonstram isso:

- ao comparar dois grupos de pessoas que assistem a um filme emotivo, observou-se que quem inibe as emoções apresenta maior atividade do sistema nervoso simpático (que favorece o aparecimento de taquicardia, hipertensão etc.);
- apresentaram-se lembranças tristes a dois grupos de pessoas; as integrantes do grupo ao qual se pediu que evitasse a emoção relacionada com essa lembrança apresentaram maior nível de tristeza do que quem expressou livremente essa emoção;
- do mesmo modo, suprimir a expressão de dor aumenta a percepção dolorosa, e
- a inibição de respostas de hostilidade e raiva aumenta a hipertensão arterial e as doenças coronárias.[15]

Assim, pois, as pessoas com tendência a reprimir os afetos negativos geram mais lembranças negativas, apresentam um humor mais negativo e tendem a apresentar mais respostas de *estresse* manifestas em forma de alterações fisiológicas, como a hipertensão arterial.[15]

Portanto, podemos afirmar que a personalidade — a maneira de ser de cada um — tem um papel fundamental no modo como as situações de estresse são vividas, como são lembradas e os efeitos daninhos associados.

A aprendizagem também tem um papel muito poderoso, e é possível que as primeiras experiências tenham um efeito de *preparação*, com conseqüências futuras. Luis Rojas Marcos comenta um estudo que ilustra bem a importância da aprendizagem: foi realizado um experimento com dois grupos de ratos colocados em um recipiente com água. O primeiro grupo de ratos ia nadando e encontrava montículos onde podia repousar; o segundo grupo não encontrava montículos. Quando o experimento era repetido sem os montículos, os primeiros ratos nadavam durante mais tempo, porque tinham a esperança de encontrar algum montículo, enquanto os ratos do segundo grupo se rendiam antes.[12]

Apesar da diferença entre os ratos e as pessoas, esse tipo de experimento ajuda a conhecer o porquê de algumas respostas humanas. Seguindo um mecanismo psíquico parecido, as pessoas que têm certeza de dominar sua vida (mesmo que isso não seja estritamente verdade) e acham que controlam suas decisões enfrentam as situações de estresse de maneira mais positiva; essa predisposição ajuda-as a superar essas situações.[12]

E não é só isso. Estudos que acompanharam de perto uma população ampla durante toda sua vida e analisaram diversas variáveis clínicas e psíquicas concluíram que as pessoas com pontuações elevadas nos testes de personalidade que medem a *emocionalidade positiva* e a *responsabilidade* são mais longevas que as demais. Ao contrário, as pessoas com maior pontuação na escala que mede a hostilidade sofrem mais doenças cardiovasculares.[16]

Retomaremos o fio desse raciocínio no último capítulo do livro, onde proporemos alguns *exercícios* para tentar enfrentar a vida de maneira mais positiva. Usemos, agora, exemplos para recapitular e levantar a questão que tentaremos resolver a seguir.

O cérebro humano é *cego*: os sentidos lhe fornecem informação sobre o entorno, e sensores internos lhe informam como estão funcionando os diferentes órgãos. Essa informação se integra em um sistema com três áreas de interesses diferentes: um *cérebro* primitivo (que garante a homeostase e responde a estímulos e impulsos básicos), uma área cortical intermediária (na qual se operam algumas respostas hormonais e a informação dos sentidos é integrada) e o *neocórtex* (capaz de recordar, aprender e imaginar).

De maneira simplificada: esse complexo de neurônios, por meio da aprendizagem e da expressão de emoções e comportamentos, é único, e vai constituindo a *personalidade* (como cada indivíduo responde ao entorno) em função dos traços dominantes.

Erros na interpretação dos estímulos sensoriais ou erros na aprendizagem devidos a condicionamentos originam associações e respostas complexas que, às vezes, causam ansiedade ou medo.

Nesse contexto, a exposição do indivíduo a situações de estresse constante real ou imaginário também pode gerar respostas de ansiedade e ter conseqüências orgânicas diversas.

Alguns tipos de personalidade, como indivíduos emocionalmente positivos, parece que se saem melhor.

Pois bem, qual é a base química de tudo isso? Os neurônios e algumas glândulas são verdadeiros laboratórios, cuja missão é produzir substâncias químicas, os mediadores dos comportamentos.

Então Helena, nascida de Zeus, pensou outra coisa: no vinho que bebiam pôs de repente uma droga contrária ao pesar e à ira, e que fazia esquecer qualquer sofrimento: Quem a tomasse, após misturá-la em sua cratera, não derramaria nem uma única lágrima mais o dia todo, mesmo que matassem seu pai e sua mãe [...].[17]

HOMERO, *A Odisséia*.

---

2. O LABORATÓRIO INTERNO

Uma substância para esquecer? Uma substância para sentir prazer? Outra para não sentir dor? Para se animar? Quando se dão as condições adequadas, no cérebro humano são liberadas moléculas que contribuem para a modulação do ânimo, para a manifestação de emoções e a resposta aos estímulos.

Em 24 de outubro de 2004, recebi uma mensagem de Mabel Valsecia, da Argentina. Ela escrevia: *Albert, eles são ma-*

lucos! *Estão atrás de uma pílula para esquecer as más recordações; até já saiu uma crônica no* Clarín *de hoje. Se não tomarmos cuidado, logo vão receitá-la às avós da plaza de Mayo.* E anexava a sua mensagem o texto que aparecia no jornal portenho desse dia intitulado: *Querem criar uma pílula para esquecer as lembranças dolorosas: poderia ser ingerida após uma situação traumática, para evitar o sofrimento.*

Deixemos de lado as considerações éticas sobre um fármaco capaz de *modular* certas lembranças (com fins políticos, por exemplo, como o comentário que Mabel fez em relação às mães e avós dos desaparecidos durante a ditadura de Videla, que mantinham viva a memória do horror diante da Casa Rosada de Buenos Aires).

Nesse ponto de nosso passeio pelo cérebro, o caso anterior desperta uma pergunta cuja resposta nos permitirá avançar mais rumo ao conhecimento dos fatores determinantes do estado de ânimo e também da visão positiva da vida.

Uma simples substância química pode ter influência sobre algo abstrato como uma lembrança, a tristeza ou um orgasmo?

A resposta é sim, e é facilmente explicada se adentramos o funcionamento íntimo dos neurônios. Sim, do mesmo modo que há medicamentos que permitem conciliar o sono em caso de insônia, medicamentos que curam a depressão ou que provocam uma anestesia local (anulando a percepção dos estímulos dolorosos).

O cérebro é composto por diferentes tipos de neurônios, células com múltiplos filamentos (os axônios e os dendritos) que permitem uniões entre elas, criando, assim, *vias* cerebrais por onde circulam estímulos. Esses estímulos originam movimentos, despertam lembranças, permitem ouvir um concerto de Bach, fazem com que nos sintamos eufóricos ao lado de nosso companheiro ou idealizam um plano de vingança contra alguém.

Porém, a união entre os neurônios não é rígida, como se fossem vigas soldadas de uma obra de engenharia; os neurônios unem-se entre si por meio das sinapses: entre os axônios e os dendritos existe uma separação diminuta chamada espaço sináptico. Quando um estímulo elétrico chega ao extremo de um axônio, para poder cruzar o espaço sináptico e ser transmitido ao neurônio seguinte é preciso que sejam liberadas substâncias *condutoras*, que transportam esse estímulo de um extremo a outro sem solução de continuidade. Essas substâncias são algo assim como as antigas barcaças sobre as quais os automóveis atravessavam os rios caudalosos em lugares onde não havia pontes. Quando chega ao outro extremo da sinapse, o estímulo elétrico é transmitido pelo novo neurônio até a sinapse seguinte.

Genericamente, chamaremos de transmissores químicos as substâncias *condutoras* que agem nas sinapses; convém esclarecer que, além dos neurotransmissores propriamente ditos, estão descobrindo outro tipo de substância moduladora, como hormônios e peptídeos. Os transmissores químicos têm diferentes funções: uns facilitam a transmissão dos impulsos, ao passo que outros retardam ou impedem a transmissão. Poderíamos dizer que há *condutores, supercondutores, semicondutores e substâncias isolantes*.

Foi em meados do século XX que se começou a conhecer os neurotransmissores e suas funções. Porém, o homem procurava substâncias capazes de modificar o pensamento e as sensações desde a Antiguidade. O uso milenar do ópio no Oriente ou dos derivados do cânhamo (como a maconha) na bacia mediterrânea, a folha de coca nos Andes ou o chocolate no México e na Guatemala são apenas alguns exemplos. A partir do século XIX e, principalmente, durante o século XX — com o florescimento da indústria química —, começaram a ser produzidos medicamentos como os barbitúricos ou substâncias da família do *Valium*®, que permitiam controlar os processos do sono e da vigília. Em meados do século XX, Henri Laborit, a quem já nos referimos anteriormente, participou da introdução, em terapêutica, dos primeiros fármacos eficazes para tratar as psicoses, e já na década de 1980 floresceu o mercado dos antidepressivos, alguns dos quais — *Prozac*®, por exemplo — se popularizaram como panacéia para aumentar o

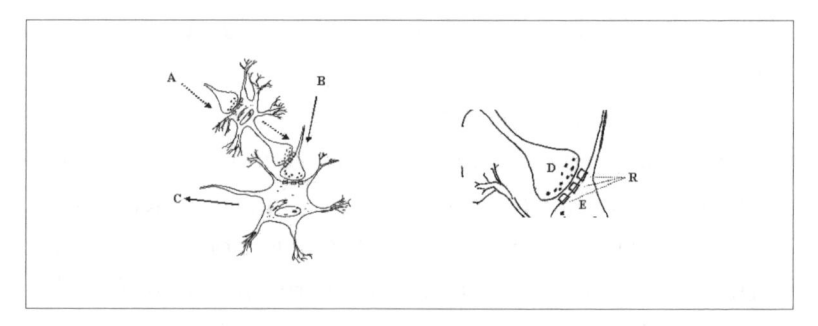

Figura 3.3. Esquema de dois neurônios com seus axônios e dendritos. Um estímulo doloroso (A) originado pela espetada de um alfinete chega pelo axônio. Passa ao neurônio seguinte e é transmitido (por C) até a região onde se percebe a dor. Outro estímulo (B) poderia interferir com o estímulo doloroso (aumentando ou reduzindo sua intensidade, conforme o caso).
Na sinapse (imagem da direita), o estímulo elétrico chega à região pré-sináptica D, onde provoca a liberação dos grânulos com neurotransmissores que cruzam o espaço sináptico e se fixam aos receptores (R) do neurônio pós-sináptico (E).

rendimento dos executivos e logo se tornaram símbolo (do fracasso) da sociedade do final do segundo milênio

Neurologistas e farmacologistas começaram a estudar os mecanismos pelos quais esses medicamentos atuavam, a fim de descobrir novas moléculas que ampliassem o mercado. Seguindo essa dinâmica, foram sendo identificados os dois elementos essenciais das sinapses: em primeiro lugar, os receptores (pontos da membrana das sinapses onde os neurotransmissores se fixam para facilitar a condução ou o bloqueio do estímulo); depois, os neurotransmissores que estimulam os receptores.

Este não é o momento de descrever todas as substâncias que agem nas diferentes sinapses, nem de tentar fazer um *mapa* de onde age cada uma e de que funções têm. Porém, descreveremos brevemente as moléculas-chave e algumas de suas ações, para podermos nos aprofundar, mais adiante, nos efeitos do pensamento positivo e negativo sobre essas substâncias e compreender suas conseqüências benéficas ou maléficas.

E começaremos tentando satisfazer uma curiosidade. Quando se estudou como o ópio (e derivados, como a morfina) atuava, descobriu-se que o fazia sobre receptores específicos, chamados receptores opiáceos. Ao estudar como a *cannabis* (a maconha) agia, observou-se que o fazia sobre receptores específicos — denominados receptores canabinóides —, e assim sucessivamente. A pergunta lógica que surge imediatamente é:

Por que o cérebro tem uma estrutura molecular projetada especificamente para que nela se fixe uma droga? Ou, mais especificamente, para que o cérebro de um ser humano do norte da Europa, onde não existia ópio, teria esses receptores?

Do ponto de vista biológico e evolutivo, carece de sentido... a não ser que o próprio organismo humano fabrique ópio ou *cannabis*, ou morfina, ou...

E, efetivamente, nas últimas duas décadas do século XX foram sendo descobertos, um após outro, muitos neurotransmissores, aminoácidos, neuromoduladores, peptídeos, hormônios etc. que participam ativamente em diferentes regiões do cérebro e modulam as respostas, contribuem para o estabelecimento da memória e têm um papel importante na ansiedade ou no prazer.

Além disso, descobriu-se outra questão importante: os diferentes neurotransmissores devem manter um equilíbrio de concentrações, não só para que sejamos *saudáveis* (ou seja, não termos depressão, ataques de pânico ou psicoses), mas, simplesmente, para nos *sentirmos bem*.

• *Tempestades e secas*

Na faculdade de Medicina da Universitat Autònoma de Barcelona, tive a sorte de ter um professor de Psicologia Clínica que transmitia sua paixão pelas funções cerebrais por meio do uso de adjetivos muito ilustrativos que ajudavam a comunicar com precisão os achados, freqüentemente áridos, dos estudos científicos realizados com ratos de laboratório ou voluntários humanos. Adolf Tobeña foi quem me falou pela primeira vez das "tempestades de neurotransmissores" durante a paixão, dos "gases amorosos" e de outras "secreções indiscretas", como explicação neurofisiológica, nesse caso, da atividade sexual humana. Felizmente, ele acaba de reeditar seu livro *El cerebro erótico* [O cérebro erótico], onde aquelas explicações que nos dava nas aulas da faculdade estão agora ao alcance do público, incluindo os avanços das últimas duas décadas nesse campo.[18]

Quando alguém lhe diz: "deixei uma carta do departamento de Recursos Humanos sobre sua mesa", percebe como seu pensamento começa a ir de um lado para o outro, como as bolas das máquinas do bingo? O coração não parece querer sair por entre as costelas? Sua boca não fica seca e você começa a transpirar?

Essas são algumas das maldades de seus neurotransmissores.

Enquanto esperava meu vôo no aeroporto de Johannesburgo, encontrei um livro cujo título me chamou a atenção, depois de ter passado os últimos dias na tórrida savana da Namíbia. Chama-se *Icebergs in Africa* [Icebergs na África], e seu subtítulo, mais esclarecedor — embora de menor impacto —, é: *A wellness journey through the visible and the invisible* [Uma viagem rumo ao bem-estar através do visível e do invisível]. Foi escrito por Julie Shaw. Quando o folheei, chamou-me a atenção uma história que ela conta ao se referir às respostas do organismo. Sua autora a intitula "A história de Og" e, resumindo, diz assim:

Og — cujo nome corresponde à primeira palavra que pronunciou — estava voltando para sua casa na aldeia quando ouviu o rugido de um leão. Do ponto de vista de sua tempestade de hormônios e neurotransmissores, o que ocorre é mais ou menos o seguinte:

Os olhos e os ouvidos lhe permitem interpretar rapidamente a situação, e graças à rede neuronal complexa que envolve o neocórtex, chega à conclusão de que, com uma pedra em uma mão e um porrete na outra, poderia vencer o leão. Como resultado dessa interpretação, a medula supra-renal (situada acima de seus rins) começa a secretar noradrenalina (noraepinefrina) na circulação sanguínea, de modo que seu organismo se prepara para lutar ou fugir:

- aumenta sua freqüência cardíaca e a pressão sanguínea como conseqüência de uma contração das artérias; ambas as respostas permitem que o sangue se desloque rapidamente por todo o corpo;
- ao mesmo tempo, os órgãos menos vitais (como o estômago ou o aparelho reprodutor) recebem menos sangue, para que possa ser repartido melhor entre cérebro, coração e extremidades;
- posto que, para responder, Og precisará de energia extra, a noradrenalina também mobiliza a glicose que estava armazenada no fígado e transforma a gordura em glicose, que se dirige aos vasos sanguíneos, e
- para terminar de lhe dar certa vantagem na luta, seu organismo aumenta a produção de uma substância coagulante, para o caso de ser ferido.

Og agora se sente preparado para lutar, não contra um, mas contra cinco leões, mas, nesse momento, ouve o rugido de outro leão. Diante dessa realidade, Og pensa: "Isso não é bom!", e imediatamente seu organismo começa a produzir epinefrina, uma substância com efeitos parecidos, mas que o ajuda em sua decisão, não de lutar, mas de fugir.

Enquanto foge, encontra-se em pleno estresse já há um bom tempo; seu organismo continua secretando epinefrina e, além disso, começa a produzir cortisol. A epinefrina faz as vezes de

"acelerador", e sua secreção deve-se ao sistema simpático; ao contrário, o cortisol é o "freio", e é produzido pelo sistema parassimpático. A maré de cortisol vai invadindo o organismo de Og, até que o estresse desaparece. O cortisol produz outros efeitos:
- mobiliza ainda mais açúcar do fígado e das gorduras e
- exerce efeitos antiinflamatórios e antialérgicos.

A energia adicional e esses efeitos antiinflamatórios são úteis na fuga de Og até encontrar refúgio na aldeia. Por exemplo, pode continuar correndo apesar da dor nas panturrilhas por causa da corrida e da pedra que pisou sem querer — graças ao efeito antiinflamatório —; além disso, resiste bem ao pó que aspira e que lhe entra nos olhos — pelos efeitos antialérgicos.

Ao chegar ao povoado, enquanto explica sua aventura, as funções vitais de Og voltam à "normalidade" graças ao estímulo parassimpático: o pulso e a pressão sanguínea retornam a seus valores habituais e a glicose já não é mais depositada no sangue.[19]

Esses são os meandros químicos da resposta ao estresse que já havíamos citado na seção anterior. Porém, ao contrário do que acontece com as zebras e com Og, o estresse na sociedade urbana atual não está associado a um estímulo definido (o leão) que ajuda a diferenciar quando é preciso se estressar e quando já podemos relaxar. Og se estressa em momentos específicos e, depois disso, seu corpo se recupera.

- *Og e Smog*

O Og de Julie Shaw contrasta enormemente com um personagem moderno que nos ajudará a compreender a sociedade industrializada. Trata-se de um urbanita a quem poderíamos chamar de Smog.

Faltam-lhe dedos nas mãos para enumerar as diferentes teclas que pressionou em sua última jornada de trabalho?
Teve que apagar mais de dois incêndios *nas últimas oito horas de trabalho?*
Se respondeu afirmativamente a alguma das duas perguntas, você poderia ser outro Smog.

Smog é um jovem empreendedor que vive simultaneamente três situações estressantes: preparar os orçamentos para a junta de acionistas na próxima terça-feira, convencer sua esposa de que este fim de semana não poderão sair por esse mesmo motivo e chegar à reunião da escola de sua filha dentro de meia hora, com o congestionamento que há nesse momento.

Qual é o problema? O organismo de Smog encontra-se constantemente castigado por um excesso de epinefrina, o que favorece o aparecimento de alterações cardíacas permanentes (como a hipertensão arterial) ou um aumento do risco de sofrer um infarto do miocárdio por constrição coronária. Além disso, o excesso de cortisol, por mobilizar tanta glicose, acaba produzindo diabetes, principalmente se for uma pessoa com tendência ao sobrepeso. Há supressão da imunidade (que predisporia a infecções). E efeitos sobre o sistema nervoso (ansiedade, perda de memória ou insônia). De modo que, além do que comentamos até agora, Smog não descansa suficientemente para se recuperar. Além disso, não seria nada estranho que tivesse dolorosas contraturas musculares nas costas.

Isso que acontece com Og e Smog, essas implicações moleculares do estresse, foi, talvez, um dos primeiros mecanismos neuroquímicos descobertos. Podemos resumir assim: uma situação externa provoca a tempestade neuronal que se traduz em um comportamento determinado.

No cérebro, há muitas substâncias que desempenham um papel de estimulação e freio. Às vezes, só afetam o funcionamento cerebral, mas, em outras ocasiões, estimulam a produção de substâncias externas ao cérebro e que têm um poderoso efeito sobre os órgãos.

Smog é um personagem urbano padrão: vive com um nível de estresse permanentemente elevado. Seu organismo é afetado por uma constante maré de epinefrina e cortisol, que favorece o aparecimento de hipertensão arterial, diabetes, alterações imunológicas, ansiedade, insônia, perda de memória etc. Na imagem, estátua humana em uma rua de Barcelona.

A ansiedade é uma emoção *normal* no contexto de uma conduta de adaptação à resposta ao estresse, tal como vimos na história de Og. Um certo grau de ansiedade otimiza a resposta. Porém, quando a ansiedade tem uma intensidade desproporcional, quando é crônica ou não está associada a um risco real, constitui uma resposta de má adaptação; esse seria o caso de Smog.

A ansiedade é regulada pelo menos por quatro sistemas, que envolvem outros tantos neurotransmissores: o sistema GABAérgico, o sistema serotoninérgico, o sistema noradrenérgico e os endocanabinóides.[20]

- *Benzodiazepinas e ansiedade*

Durante a década de 1950 foram descobertos hipnóticos mais seguros que os barbitúricos, que tantas mortes por *overdose* haviam provocado. Esses medicamentos (entre os quais encontram-se os conhecidos Valium® ou Rohypnol®) pertencem a uma família de moléculas chamadas, genericamente, *benzodiazepinas*. As benzodiazepinas têm efeito indutor do sono, como relaxantes musculares e ansiolíticos (baixam o nível da ansiedade) devido à estimulação de um neurotransmissor cerebral com efeitos inibidores chamado GABA (sigla em inglês de ácido gama-aminobutírico).

Em 1985, Sangameswaran e de Blas descobriram a presença de benzodiazepinas naturais no cérebro humano. Essas benzodiazepinas endógenas são elaboradas em pequenas quantidades e encontradas em um delicado equilíbrio: quando ultrapassam uma quantidade determinada, o excedente é metabolizado e eliminado. Um estudo demonstrou que sua produção aumenta muito, por exemplo, durante o parto.[21]

O GABA se opõe à excitação dos neurônios e, segundo calculam, é encontrado entre 25 e 40% das sinapses cerebrais, o que o torna um dos neurotransmissores predominantes.

• *Serotonina e prazer*

A serotonina é outro neurotransmissor essencial. Há algumas décadas descobriu-se que os quadros depressivos podiam ser explicados por uma diminuição desse neurotransmissor em determinadas sinapses. Alguns dos mais modernos fármacos antidepressivos agem impedindo que a serotonina seja eliminada, o que mantém concentrações aceitáveis dessa substância.

Em 1932, o romancista inglês Aldous Huxley publicou *Admirável mundo novo*, uma história futurista na qual propunha profundas reflexões sobre o homem e a sociedade, que não somente não perdeu sua atualidade como, em alguns casos, seu retrato do mundo se viu superado pela realidade do século XXI. Um dos protagonistas diz:

> Vejo-o muito abatido, Max — o golpe nas costas o sobressaltou. Ergueu os olhos para fitá-lo. Era aquela besta do Henry Foster.
> — O que você precisa é de um grama de soma.[22]

Soma é uma substância em forma de comprimidos que os protagonistas do romance levam no bolso e que serve para "curar cem pensamentos" ou "evitar sofrimentos"; e, "se alguma vez, por má sorte, acontecer alguma coisa desagradável, sempre há um grama de *soma* que nos dá deliciosas férias da realidade dos fatos. E sempre há *soma* para apaziguar a ira, para nos reconciliar com os inimigos".

Hoje, podemos afirmar que isso não é tão ficção quanto parece.

A serotonina é conhecida como o "hormônio do prazer". Os efeitos da serotonina poderiam ser descritos como estimulantes do humor e produtores de certa calma.[23] Além disso, parece que durante a fase de excitação sexual o cérebro libera serotonina, que tem um papel importante na ejaculação e no orgasmo masculino — a percepção do prazer sexual.[24]

A serotonina é um exemplo da importância dos neurotransmissores e dos medicamentos neste mundo que Smog habita. Um dos fármacos que ajudam a recuperar as concentrações de serotonina em pacientes com depressão é a fluoxetina. Dito assim, possivelmente pareça apenas mais um nome; porém, se esclarecermos que a marca comercial original é *Prozac*®, talvez a palavra soe mais familiar. Prozac® foi — e continua sendo — um dos medicamentos mais utilizados para combater, por meio da química, as conseqüências da vida profissional levada ao extremo. Em 2001, calculou-se que havia mais de 40 milhões de usuários desse produto em todo o mundo, quando a patente ainda pertencia à Eli Lilly.[25] Isso pode dar uma idéia de seu extenso consumo e — indiretamente — da quantidade de colegas de Smog que sentiam a necessidade de tomar algum medicamento porque estavam *doentes de sociedade*.

Jacques Trentesaux aproveitou um especial do jornal *L'Express* sobre como será a França em 2026 para escrever uma crônica fictícia acerca de uma empresa de informática na qual, por um custo entre 1 e 3 reais, uma máquina forneceria "pílulas com ácidos graxos ômega 4, 5 e 6 (com efeito antidepressivo), ansiolíticos (que evitariam o estresse), psicoestimulantes (para evitar dormir em caso de sobrecarga de trabalho) e, inclusive, derivados da morfina (para aumentar a confiança antes de uma reunião importante)".[26] Só falta solucionar alguns problemas de ordem farmacêutica, como a maneira de reduzir o tempo necessário para que um preparado desse tipo surta efeito; bastaria ganhar um pouco de imediatismo para que a máquina fornecedora de neurotransmissores variados substitua a máquina de café.

A serotonina é uma *amina biogênica* que procede de um aminoácido que consumimos habitualmente na dieta (principalmente no peixe) chamado *triptófano*. Voltaremos a ele mais adiante; por ora, vejamos outro dos neurotransmissores essenciais: a dopamina.

• *Dopamina: Jano bifronte*

A *dopamina* também procede de um aminoácido presente na dieta: a *tirosina*. Além de ser um hormônio inibidor da produção de leite quando a mulher não se encontra em período de lactação, a dopamina age como neurotransmissor que controla o movimento (sua falta causa mal de Parkinson, caracterizado por tremores). Na esfera comportamental, as alterações das concentrações de dopamina causam depressão (quando falta dopamina, além de serotonina), ou esquizofrenia (quando há um excesso de dopamina); por isso a comparação com o deus da mitologia romana, o Jano bifronte, que costuma ser simbolizado com dois rostos que olham em direções opostas.

A dopamina é um neurotransmissor abundante no cérebro primitivo, onde participa do sistema de recompensa cerebral (o prazer, a motivação) e de algumas funções sexuais. Por outro lado — Jano bifronte, de novo —, a dopamina pertence à família química das catecolaminas, e é uma molécula precursora tanto da epinefrina quanto da noradrenalina, as duas substâncias liberadas em momentos de estresse.

A predominância de dopamina no sistema límbico é deduzida a partir da grande quantidade de receptores específicos para ela localizados nos neurônios dessa região cerebral.

A afetação do sistema de recompensa cerebral provoca anedonia (não se experimenta prazer), apatia (falta de motivação) e disforia (mistura de emoções pouco prazerosas, como sentir-se miserável, irritável e à beira do precipício).[27] Portanto, a dopamina é um mediador da recompensa e possibilita vários comportamentos humanos, desde o jogo compulsivo ou o vício em cocaína até apreciar uma escultura de Michelangelo ou uma peça musical interpretada por Art Tatum ao piano.

A dopamina tem um papel adicional no neocórtex que não pode ser ignorado ao nos referirmos à química do comportamento. Foi proposta sua participação na criatividade, posto que contribui com a geração das condições de motivação necessárias para ser criativo.

As pessoas criativas caracterizam-se por um elevado nível de estimulação basal (*arousal*) e uma maior resposta à estimulação sensorial. A dopamina reduz a chamada "inibição latente de estímulos"; isso favorece a percepção de estímulos que o cérebro normalmente inibe para não interferir em tarefas que fazemos automaticamente. A maior estimulação potencializaria o estado criativo.[28] Porém, não devemos esquecer a dupla face desse neurotransmissor: uma inundação de estímulos sensoriais, que também se observa em algumas alterações, como a psicose.

No sistema de recompensa, além da dopamina, participam a serotonina e outras substâncias: os opióides.

• *Opióides, endorfinas e morfina: cérebros dopados?*

Depois de entender que o corpo e a mente não eram duas coisas separadas, os médicos se interessaram pelas doenças dos órgãos e sistemas desse corpo causadas direta ou indiretamente pela mente. Assim, abriu-se a porta para a compreensão das doenças psicossomáticas e, portanto, para sua possível cura atacando a origem ou — melhor ainda — para sua prevenção. Nessa mesma linha, há algumas décadas, a definição de saúde estabelecida pela Organização Mundial da Saúde (OMS) inclui o conceito de *bem-estar psicológico* das pessoas. De certo modo, a ciência moderna começa a entender que o prazer é um componente potencial da gênese da saúde.

O prazer é descrito como um estado ou uma sensação de felicidade e a satisfação resultante de uma experiência que a pessoa desfruta. O prazer facilita algumas funções essenciais para a espécie — como alimentar-se e reproduzir-se; além disso, no caso de uma espécie gregária como o homem, o contato social faz com que haja mais oportunidades de viver experiências prazerosas.

Mais além do funcionamento biológico, a espécie humana está aprendendo a lidar com o prazer, posto que, além de originar o estado de satisfação que o define, também permite lidar com o estresse e com a ansiedade.[29]

Por esse motivo, é fundamental conhecer a *anatomia e a química* do prazer. Como citamos no início deste capítulo, a principal área de recompensa encontra-se no sistema límbico. Já vimos algum dos neurotransmissores que agem nessa região, como a serotonina e a dopamina. Mas há mais; por exemplo, as *endorfinas* ou os *opióides endógenos*.

O ópio foi, talvez, a primeira droga que o ser humano conheceu, junto com o álcool e o cânhamo. À sua utilização recreativa, devido a seus efeitos psicoativos, logo se somou o uso como analgésico e narcótico — conhecido no Ocidente desde a época de Galeno, no século II.

As sensações prazerosas têm origem em estímulos, atividades ou comportamentos muito variados. Dependem da própria atividade, da aprendizagem prévia, do momento e da circunstância. De qualquer maneira, o denominador comum é a participação do sistema límbico como área cerebral onde se localizam os sistemas de recompensa e neurotransmissores como dopamina, endorfinas e serotonina, entre outros. Na imagem da esquerda, um acrobata demonstra sua habilidade com um perigoso salto em Barcelona — atividade e risco como fonte de prazer; na imagem da direita, uma mulher de férias na praia da Juréia (SP) — tranqüilidade e descanso como fonte de prazer.

Com o florescimento da química e da farmacologia (e seus interesses industriais em encontrar novos medicamentos para comercializar), descobriu-se como e onde atuavam as substâncias derivadas do ópio (o próprio ópio, a morfina, a heroína ou a codeína): receptores situados em determinados circuitos neuronais. Pouco depois, os cientistas perceberam que esses receptores não existiam só para responder a substâncias externas, mas que sua principal missão era ser alvo dos chamados opióides endógenos.

Os opióides endógenos parecem atuar em dois âmbitos cerebrais diferentes: como moduladores dos processos de recompensa e incentivo e como estimulantes de alguns comportamentos (por exemplo, a auto-estimulação intracraniana, o comportamento sexual e o comportamento social).[30]

Assim, alguns estudos clínicos demonstraram a relação entre as *endorfinas* (um tipo de opióide endógeno) e o vício em álcool. É um mecanismo que ilustra como a escala química (neurotransmissores) se integra com a escala comportamental. O consumo de álcool aumenta as concentrações de endorfinas na região cerebral de recompensa. Pelo contrário, após um consumo constante e mais ou menos elevado, quando se dá a abstinência ao álcool, diminuem as concentrações de endorfinas: desencadeia-se o estado de ansiedade tão comum (e tão nocivo) nessa situação. Ao voltar a beber, há um novo aumento das endorfinas, o que reduz a ansiedade; esse *alívio* tem um claro efeito reforçador do comportamento de busca e consumo de álcool.[31]

Curiosamente, esse mesmo mecanismo explicaria outro vício (neste caso, saudável). Uma colega de trabalho que diariamente vai a uma academia, onde passa uma hora, comentava que se algum dia não pratica seus exercícios, sente que lhe "falta alguma coisa". Ao que parece, alguns estudos que medem as concentrações de endorfinas antes, durante e depois do exercício físico observaram que este também está associado a um aumento dos opióides.[32] Portanto, quando uma pessoa habituada a sua *dose diária de endorfinas* não pode realizar o exercício ao qual está acostumada, dá-se uma privação que contribuiria com esse estado de ansiedade que minha colega define como "sentir falta de alguma coisa".

Parece que as endorfinas também são liberadas durante as sessões de acupuntura, o que poderia explicar os efeitos benéficos dessa técnica oriental no tratamento da dor.[33]

É fascinante descobrir como os avanços da ciência vão proporcionando explicações lógicas e coerentes a muitos aspectos da vida cotidiana. Nesse sentido, não podemos ignorar os muitos trabalhos de George B. Stefano e sua equipe do Neuroscience Research Institute da State University of New York no âmbito dos neurotransmissores, com especial ênfase nos opióides. Grande parte de sua produção científica gira em torno de um derivado endógeno da família dos opiáceos que é um tanto especial: trata-se da *morfina endógena*.

Tal como a conhecemos normalmente, a morfina é um derivado da planta do ópio que o químico alemão Friedrich Sertürner sintetizou pela primeira vez em 1805; deu-lhe esse nome em homenagem a Morfeu, o deus grego do sono. A morfina causa dependência e é utilizada em terapêutica para tratar certo tipo de dor.

Com a morfina repete-se a história que havíamos comentado anteriormente: a identificação de um receptor específico em alguns neurônios e, mais recentemente, a constatação de que o cérebro produz sua própria morfina. Alguns dos achados sobre o papel que a morfina endógena desempenha e suas relações com outros neurotransmissores são fascinantes, porque explicam certas questões acerca do comportamento humano — isto é, acerca da vida — que ficavam no ar.

Ao que parece, a morfina tem a função de limitar o grau de excitação. A idéia é que os desafios como os que Og enfrentou na savana criam um estado de alerta provocado pela liberação instantânea de substâncias estimulantes (por exemplo, alguns opiáceos e catecolaminas). Nessa fase, o objetivo biológico consiste em captar todas as energias disponíveis para atender à emergência. Pois bem, como apontávamos no começo deste capítulo, tão importante como essa fase de resposta é que os sinais estimulantes cessem assim que deixarem de ser necessários, de modo que o corpo possa se preparar para o próximo embate.[13] A morfina seria o candidato mais apropriado para exercer esse papel.

Não devemos deixar escapar as implicações desse sistema para *reequilibrar* o organismo e as conseqüências derivadas de sua disfunção. É possível que o estado de alarme se torne crônico — assim como acontece com o urbanita Smog — e que o organismo entre em uma espiral na qual outras alterações devidas ao excesso constante de cortisol se somem ao esgotamento. Parece que essa grande dose de estresse gera uma estimulação excessiva e constante de morfina que produziria *tolerância* (Smog poderia estar tão saturado de morfina que seus receptores já teriam deixado de responder a ela).

Seria como se esse efeito *reequilibrante* já não existisse, e Smog estivesse sempre *acelerado*, sempre pronto para responder, e que, com o tempo, a eficácia da resposta fosse cada vez menor, como acontece com as máquinas, que devem parar depois de algumas horas funcionando, para evitar superaquecimento.

> Em certo sentido, Smog tem que *voltar a aprender* a relaxar e a diminuir o ritmo. Definitivamente, encontrar a maneira de romper a espiral do estresse.

Em 2004 foi publicado o primeiro artigo científico que encontrei que confirma que as células humanas podem sintetizar morfina. O artigo está assinado por Chotima Poeaknapo e outros pesquisadores do Biocenter na Martin Luther University Halle-Wittenberg, na Alemanha.[34] Desde então, a ciência se aprofundou no conhecimento da morfina endógena, sua origem, produção e papel.

Um dos achados curiosos que abrem uma nova janela nessa viagem pela mente e suas funções corresponde a um estudo realizado pela equipe de George Stefano. Esses autores demonstraram que a presença de tiramina e tirosina em determinados tecidos aumenta as concentrações tanto de morfina endógena quanto de dopamina.[35]

As conseqüências? Quando li esse estudo, entrei em contato com George Stefano.

Perguntei: "O chocolate...?".

Ele respondeu: "Que associação interessante!".

É que há mais de duas décadas li uma curta nota em alguma revista de divulgação científica da qual só lembro o título: "O chocolate cura o mal de amor", e a relação que algum de seus ingredientes tinha com as substâncias cerebrais que naquela época estavam começando a ser identificadas. Como comentaremos mais detalhadamente no quarto capítulo, há estudos científicos que demonstram que o chocolate com alto conteúdo de cacau estimula a produção de endorfinas e tem um elevado teor de... tiramina.[36] Uma bela — e, principalmente, deliciosa — quadratura do círculo.

Para resumir, o cérebro dispõe de endorfinas e morfina endógena, entre cujas funções está a participação ativa no sistema de recompensa, junto com outros neurotransmissores. A morfina tem a função de limitar ou inibir a excitação emocional e neuronal em diversas atividades fisiológicas (nervosas, imunológicas, vasculares e intestinais), acompanhada de um efeito relaxante associado aos mecanismos de recompensa cerebral. Isso poderia explicar o efeito calmante que aparece após a tempestade de neurotransmissores (por exemplo, depois da atividade sexual ou esportiva).[34]

• *E um longo (e excitante)* et cetera

Já reparou naqueles mapas do tesouro que aparecem nos filmes?
Só têm algumas indicações e um par de pistas.
Porém, freqüentemente acontece de o verdadeiro tesouro não serem os supostos lingotes de ouro enterrados — que poucas vezes são encontrados —, mas a viagem, a interpretação do mapa e as reflexões que tudo isso entranha.

Por esse motivo, está chegando o momento de encerrar este capítulo, e o faremos enunciando alguns transmissores adicionais que têm um papel nas vias da recompensa, da memória, da dor e do prazer.

Um grupo importante são os chamados endocanabinóides. Assim como os opióides endógenos que acabamos de descrever, no cérebro também se produzem moléculas parecidas com a *cannabis* (a maconha, uma droga obtida a partir da *Cannabis sativa*).

Descobriu-se que em determinadas áreas cerebrais existem receptores específicos para os derivados da *cannabis*, e que alguns neurônios fabricam naturalmente substâncias que se fixam nesses receptores para exercer sua função; são os endocanabinóides.

Nas situações estressantes, certa analgesia é induzida, o que propicia a resposta ao estresse. Isso permitia que Og continuasse correndo para fugir dos leões sem perceber a dor ao pisar em um pedregulho com o pé descalço. Os endocanabinóides conferem essa analgesia induzida pelo estresse.[37]

Além disso, os endocanabinóides têm um papel no controle do comportamento emocional em situações de estresse e de ansiedade. Observou-se que os ratos com muito poucos receptores para endocanabinóides são mais agressivos, têm respostas mais depressivas e desenvolvem um estado de falta de prazer (anedonia) em comparação com os ratos normais.

A hipótese levantada é que o sistema endocanabinóide é ativado como resposta a situações que geram ansiedade, de modo que esses transmissores limitariam a ansiedade e a liberação de cortisol. Aliás, parece que esse sistema tem um papel importante na extinção de lembranças aversivas após uma situação traumática (estresse pós-traumático).[20] Os *medicamentos para esquecer* a que nos referíamos anteriormente não estão tão longe da realidade como poderíamos pensar — com suas vantagens e todos os seus inconvenientes por mau uso potencial (como acontece com qualquer ferramenta nova que o ser humano descubra).

Vale a pena citarmos, mesmo que de passagem, que não só existem receptores para endocanabinóides em muitos neurônios, como também existem nos testículos, glândulas hormonais, células imunológicas (como os linfócitos ou os neutrófilos) e nos pequenos vasos sanguíneos que constituem a microcirculação. Esses achados mostram seu papel essencial nos sistemas neuronais para conservar um comportamento homeostático (ajustam o modo como a informação é processada no cérebro e proporcionam mecanismos que permitem manter o comportamento instintivo — alimentar-se, reproduzir-se, relaxar e dormir —, as emoções, a aprendizagem e a memória em equilíbrio). Mas, também, modulam o sistema imunológico, parte da circulação sanguínea, participam da função sexual/reprodutora, da resposta ao apetite, da motilidade gastrintestinal e dos processos sensoriais — como a percepção da dor ou a percepção visual na retina.[38]

Naturalmente, os endocanabinóides (como todos os outros neurotransmissores) não agem isoladamente, mas em conjunto, para conseguir uma resposta determinada. Ou seus efeitos se somam, ou se neutralizam.

Assim, os endocanabinóides agem conjuntamente com os opióides endógenos para potencializar essas respostas analgésicas, sedativas ou de recompensa.[39] Eles também participam das funções de plasticidade sináptica mediadas pela dopamina, essenciais nos processos de aprendizagem.[39] Porém, nessa complexa teia de aranha de relações, ainda restam muitos aspectos a descobrir.

A *oxitocina* é um hormônio que tradicionalmente se considerava relacionado ao parto e à lactação; mais recentemente foi descrito seu papel como mediador *antiestresse*. Poder-se-ia dizer que se trata do transmissor que tem como missão as relações sociais.

Como já sabemos, diante do estresse, o sistema nervoso responde aumentando a produção de noradrenalina, de uma substância que estimula a secreção de cortisol e de outro hormônio, a *vasopressina*. A oxitocina produz um padrão de resposta oposto: favorece o relaxamento, pode reduzir a tensão arterial e as concentrações de cortisol. Os níveis de oxitocina aumentam com os estímulos sensoriais não nocivos (táteis, pressão suave ou calor), estímulos de origem alimentar, certos odores e a luz.[40] Além disso, observou-se que, no que se refere à relação entre indivíduos, a oxitocina tem um papel no reconhecimento social, na memória social; esse aspecto é essencial para desenvolver funções como a reprodução, a defesa do território ou o respeito às hierarquias.[41]

O *óxido nítrico* é uma molécula constituída por apenas dois átomos, um de nitrogênio e outro de oxigênio, que em condições ambientais tem forma de gás instável, que Adolf Tobeña classifica como "gás amoroso".[18] Porém, nem por ser uma molécula diminuta tem menos importância: o óxido nítrico age na amígdala cerebral (ou seja, onde as emoções são cozidas), e tem um papel fundamental na atividade sexual masculina, pois é o gatilho final que desencadeia a ereção.[42]

Finalmente, não podemos deixar de dedicar um parágrafo aos *corticóides* (grupo de substâncias produzidas nas glândulas supra-renais, que inclui o cortisol). Já nos referimos a essas substâncias ao explicar a resposta ao estresse. Og e Smog secretaram corticóides em suas respostas ao conflito; porém, a secreção de Og foi pontual — para reassumir o controle da situação —, ao passo que Smog, imerso em um estresse psicológico constante e sem fim à vista, tinha concentrações sanguíneas elevadas e constantes, com um impacto negativo sobre sua saúde em longo prazo.

Quando não é possível fugir das situações estressantes, o cortisol leva à redução da imunidade.[43] Parece que essa substância é relacionada com uma pior adaptação ao estresse e, de acordo com os dados atuais, não se pode descartar que essa má adaptação seja associada à doença depressiva (ou, pelo menos, a algum tipo de quadro depressivo). Essa conclusão é apoiada pela observação de que metade dos pacientes com diagnóstico clínico de depressão tem hiperatividade de um dos eixos hormonais centrais do organismo: o eixo hipotálamo–hipófise–supra-renal (e, portanto, um aumento na produção de corticóides).[44]

Você nunca ficou um bom tempo contemplando aquelas maquetes que ocupam toda uma sala, nas quais há uma dúzia de vias férreas? Não lhe chamou a atenção a maneira como os vagões vão se entrecruzando em uma paisagem montanhosa com túneis, pontes, estações bucólicas e barreiras que descem e sobem no momento exato?

O cérebro é um pouco parecido, só que, em vez de trens, há impulsos elétricos que se propagam e transmissores químicos que — como as barreiras junto às vias férreas — deixam os impulsos passarem, detêm-nos ou os desviam.

Esse cérebro com três níveis de comando tem a missão de manter a homeostase geral do organismo e enfrentar forças adversas — as situações de estresse — que podem ser de origem externa e de origem interna, reais ou imaginárias. Além disso, tem que se esforçar para viver em sociedade e pensar no futuro. Tudo isso, tentando evitar, tanto quanto possível, a dor (entendida como situação não prazerosa e aquilo que nos causa ansiedade) e conseguindo a máxima recompensa psicológica possível (prazer).

Os lubrificantes dessa engrenagem complexa são os diferentes neurotransmissores, a tal ponto, que a falta de um ou o excesso de outros pode desencadear euforia, depressão, paixão, ansiedade, raiva, prazer, bem-estar.

A esta altura, você deve estar pronto para se perguntar: então tudo se limita a simples reações químicas?

Bem, como ilustrávamos no capítulo inicial, cada época e cada grupo social tenta explicar os fatos cotidianos utilizando um ou outro tipo de literatura. Às vezes é a fé religiosa, outras vezes é a poesia; no século XXI, predomina a literatura científica e as explicações têm forma de moléculas.

Mas, pensando bem, a linguagem popular já faz tempo que vem prevendo isso. Se não, por que, depois de ver um filme com Cary Grant e Katherine Hepburn ou um com Michael Douglas e Sharon Stone, saímos do cinema dizendo: "Mas que química esses dois atores têm!"?

Referências

1. CORTÁZAR, J. *Historias de cronopios y de famas*. Barcelona: Edhasa, 1995. [Edição brasileira: *Histórias de cronópios e de famas*. Rio de Janeiro: Civilização Brasileira, 1998.]
2. NOTHOMB, A. *Biographie de la faim*. Paris: Albin Michel, 2004.
3. HOUELLEBECQ, M. *Lanzarote*: au milieu du monde. Paris: Flammarion, 2000.
4. BORGES, J. L. *Ficciones*. Madri: Alianza Editorial, 1982. [Edição brasileira: *Ficções*. São Paulo: Globo, 2001.]
5. PUNSET, E. *Viaje a la felicidad*. Barcelona: Ediciones Destino, 2005. [Edição brasileira: *Viagem para a felicidade*. São Paulo: Academia da Inteligência/Planeta, 2007.]
6. BERGER, J. *La forma de un bolsillo*. México: Ediciones Era, 2002.
7. FONTCUBERTA, J. *Contranatura*. Alacant: Edicions del Museu de la Universitat d'Alacant, 2001.
8. LABORIT, H. *Introducción a una biología del comportamiento*:la agresividad desviada. Barcelona: Ediciones Península, 1975.
9. ESCH, T.; GUARNA, M.; BIANCHI, E. e cols. Commonalities in the central nervous system's involvement with complementary medical therapies: limbic morphinogenic processes. *Medical Science Monitor* 2004, 10:MS6-17.
10. PHELPS, E. A.; LEDOUX, J. E. Contributions of the amygdala to emotion processing: from animal models to human behavior. *Neuron* 2005, 48:175-187.
11. JERICÓ, P. *Nomiedo*: en la empresa y en la vida. Barcelona: Alienta, 2006. [Edição brasileira: *Não medo na empresa e na vida*. São Paulo: Planeta, 2006.]

12. ROJAS MARCOS, L. *La fuerza del optimismo*. Madri: Santillana Ediciones, 2005.
13. STEFANO, G. B.; FRICCHIONE, G. L.; GOUMON, E. e cols. Pain, immunity, opiate and opioid compounds and health. *Medical Science Monitor* 2005, II:MS47-53.
14. SAPOLSKY, R. M. *¿Por qué las cebras no tienen úlcera?* La guía del estrés. Madri: Alianza Editorial, 1995.
15. LANGENS, T. A. e STUCKE, T. A. Stress and mood: the moderating role of activity inhibition. *Journal of Personality* 2005, 73:47-78.
16. CASPI, A.; ROBERTS, B. W.; SHINER, R. L. Personality development; stability and change. *Annual Review of Psychology* 2005, 56:453-484.
17. HOMERO. *La Odisea*. Barcelona: Editorial Alpha, 1953 (IV-220-ss). [Edição brasileira: *Odisséia*. Trad. Odorico Mendes. São Paulo: Edusp; Ars Poética, 1992.]
18. TOBEÑA, A. *El cerebro erótico*. Barcelona: Libros de la Esfera, 2006.
19. SHAW, J. *Icebergs in Africa*. Cidade do Cabo: Kima Global Publishers, 2004.
20. VIVEROS, M. P.; MARCO, E. M.; FILE, S. E. Endocannabinoid system and stress and anxiety responses. *Pharmacology Biochemistry and Behavior* 2005, 81:331-342.
21. FACCHINETTI, F.; AVALLONE, R.; MODUGNO, G. e cols. Evidence that natural benzodiazepine-like compounds increase during spontaneous labor. *Psychoneuroendocrinology* 2006, 31:25-29.
22. HUXLEY, A. *Un món feliç*. Barcelona: A Llar del Llibre, 1982. [Edição brasileira: *Admirável mundo novo*. São Paulo: Globo, 2001.]

23. ESCH, T.; STEFANO, G. B. The neurobiology of love. *Neuroendocrinology Letters* 2005, 26:175-192.
24. MOTOFEI, I. G.; ROWLAND, D. L. Neurophysiology of the ejaculatory process: developing perspectives. *BJU International* 2005, 96:1333-1338.
25. ARNDT, M. Eli Lilly life after Prozac. *Business Week*, 23 de julho de 2001.
26. TRENTESAUX, J. Microstimulants: polémique sur le distributeur automatique au travail. *L'Express*, 5 de janeiro de 2006.
27. BRESSAN, R. A.; CRIPPA, J. A. The role of dopamine in reward and pleasure behavior — review of data from preclinical research. *Acta Psychiatrica Scandinavica* 2005, 111 (supl.427): 14-21.
28. FLAHERTY, A. W. Frontotemporal and dopaminergic control of idea generation and criative mood. *The Journal of Comparative Neurology* 2005, 493:147-153.
29. ESCH, T.; STEFANO, G. B. The neurobiology of pleasure, reward processes, addiction and their health implications. *Neuro Endocrinology Letter* 2004, 25:235-251.
30. VAN REE, J. M.; NIESINK, R. J. M.; VAN WOLFSWINKEL e cols. Endogenous opioids and reward. *European Journal of Pharmacology* 2000, 405:89 101.
31. ZALEWSKA-KASZUBSKA, J.; CZARNECKA, E. Deficit in beta-endorphin peptide and tendency to alcohol abuse. *Peptides* 2005, 26:701-705.
32. HEBER, D. *La dieta de los colores*. Barcelona: Paidós, 2007 (no prelo).
33. HAN, J. S. Acupunture and endorphins. *Neuroscience Letters* 2004, 361:258-261.

34. POEAKNAPO, C.; SCHMIDT, J.; BRANDSCH, M. e cols. Endogenous formation of morphine in human cells. *Proceedings of the National Academy of Sciences* 2004, 101: 14091-14096.
35. ZHU, W.; MANTIONE, K. J.; SHEN, L. e cols. Tyrosine and tyramine increase endogenous ganglionic morphine and dopamine levels *in vitro* and *in vivo*: cyp2d6 and tyrosine hydroxilase modulation demonstrates a dopamine coupling. *Medical Science Monitor* 2005, II:BR397-404.
36. PASTORE, P.; FAVARO, G.; BADOCCO, D. e cols. Determination of biogenic amines in chocolate by ion chromatographic separation and pulsed integrated amperometric with implemented wave-form at Au disposable electrode. *Journal of Chromatography* 2005, 1098:111-115.
37. VAUGHAN, C. W. Stressed-out endogenous cannabinoids relieve pain. *Trends in Pharmacological Sciences* 2006, 27:69-71.
38. RODRÍGUEZ DE FONSECA, F.; DEL ARCO, I.; BERMUDEZ-SILVA, F. J. e cols. The endocannabinoid system: physiology and pharmacology. *Alcohol & Alcoholism* 2005, 40:2-14.
39. MALDONADO, R.; VALVERDE, O. Participation of the opioid system in cannabinoid-induced antinociception and emotional-like responses. *European Neuropsychopharmacology* 2003, 13:401-410.
40. UVNAS-MOBERG, K. Oxytocin linked antistress effects — the relaxation and growth response. *Acta Physiologica Scandinavica Supplements* 1997, 640:38-42.
41. FERGUSON, J. N.; YOUNG, L. J.; INSEL, T. R. The neuroendocrine basis of social recognition. *Frontiers in Neuroendocrinology* 2002, 23:200-224.
42. SALAMON, E.; ESCH, T.; STEFANO, G. B. Role of amygdala

in mediating sexual and emotional behavior via coupled nitric oxide release. *Acta Pharmacologica Sinica* 2005, 26: 389-395.
43. SEGERSTROM, S. C.; LUBACH, G. R.; COE, C. L. Identifying immune traits and biobehavioral correlates: generalizability and reliability of immune responses in rhesus macaques. *Brain, Behavior and Immunity* 2006, 20:349-358.
44. VIDEVECH, P.; RAVKILDE, B. Hippocampal volume and depression: a meta-analysis of MRI studies. *American Journal of Psychiatry* 2004, 161:1957-1966.

Everybody has his own opinion,
Some may be right and some may be wrong,
But calaloo, everybody loves.
Calaloo, me say, everybody loves.

       Walter "Gavitt" Ferguson, *Calaloo*.*

---

* Cada um tem sua opinião,/ alguns têm razão e outros se enganam,/ mas todo o mundo gosta de Calaloo./ Eu digo que do Calaloo todo o mundo gosta. Calipso de Walter "Gavitt" Ferguson, Limón (Caribe costa-riquenho).

Capítulo 4
O copo da discórdia

❦

Você se considera feliz? O que lhe falta para ser feliz? Como imagina essa felicidade? Acha que algum dia a alcançará?
Pelo que foi exposto até aqui, a conduta humana é uma equação com diversos fatores:

- a leitura que nosso cérebro faz do ambiente em um dado momento,
- a distorção produzida pelas experiências passadas (e o nível de ansiedade ou prazer que nos geraram), e
- o matiz dado pelo filtro das expectativas.

Além disso, o comportamento humano não vem programado de fábrica.

O comportamento humano tem a particularidade de ser muito variável: é sensível até o ponto de se ver afetado por acontecimentos recentes (mesmo que não tenham uma relação direta com o estímulo que origina a resposta) e é maleável, pois a informação sobre o resultado de uma experiência similar anterior é rapidamente incorporada, seja para ajustar melhor a leitura da realidade ou para distorcê-la ainda mais.

Quando, pequeno, eu perguntava a meu pai qual era o

truque de alguma brincadeira de prestidigitação que acabava de me fazer, ele dizia: "Os magos nunca revelam os truques". Mais adiante, deu-me de presente sua mala das Olimpíadas do México de 1968 cheia de jogos comprados na loja El Rey de la Magia da rua da Princesa de Barcelona. Li um par de livros de prestidigitação que peguei na biblioteca e depois comecei a aprender os passos de uns truques que faziam lenços de seda desaparecerem de cilindros de papelão, bolas aparecerem dentro de um cubo de cristal, e que permitiam unir cordas previamente cortadas e desfazer nós com um toque mágico da varinha.

Só então compreendi por que "os magos nunca revelam seus truques": quando já conhecemos a realidade física do falso cilindro que permite ocultar o lenço aparentemente *desaparecido*, ou quando compreendemos que o nó *firme* é, na realidade, um nó *corredio*, nunca mais conseguimos tornar a ver um número de prestidigitação com a inocência inicial.

Porém, ao crescer, o ser humano tem que aprender a diferenciar entre os espetáculos de prestidigitação ou os romances — cujo final também não se revela, para preservar a intriga e o prazer de deixar-se embalar pela vontade do escritor — e a vida real — que alguns se esforçam em disfarçar de espetáculo.

Isso explica por que convém nos determos no manual de instruções do cérebro: para não continuar vendo com olhos inocentes como os magos da sociedade (leia-se publicitários, políticos, chefes, ou nós mesmos — inconscientemente) influenciam nossa percepção, dilatam nossas pupilas diante de um anúncio, nos despertam uma lembrança agradável ou um medo paralisante e brincam com as expectativas, para nos provocar a resposta conveniente.

> *[...] Sentindo a terra toda rodar...*
> *É bom passar uma tarde em Itapoã*
> *Ao sol que arde em Itapoã*
> *Ouvir o mar de Itapoã*
> *Falar de amor em Itapoã [...]*
> Toquinho e V. de Moraes. *Tarde em Itapoã*

1. Sobre a felicidade, o bem-estar e o otimismo

O abuso de palavras como "felicidade", "bem-estar" ou "otimismo" leva a uma tergiversação curiosa. Em sua utilíssima obra *La brújula interior* [A bússola interna], Álex Rovira escreve:[1]

Há algum tempo, quando pergunto a meus amigos e colegas algo tão simples como "como vai?", as respostas que obtenho são desse tipo:

"Bah!, vou levando..." (do carro, claro, e com isso a identificação com um animal de carga fica óbvia).

"Você sabe..." (que, na realidade, significa: Você que me diga, porque eu não sei de mim).

"Vamos caminhando..." (em um gerúndio sem fim). Veja, "vamos", e não "vou", porque, nessa situação, é melhor se sentir acompanhado.

"Lutando..." (como se fosse uma guerra).

"Passando..." (por qual tubo?).

"Não posso me queixar..." (onde quem fala assume, com um certo masoquismo, que poderia ser pior).

Ou o tão freqüente "fodido, mas contente", onde se manifesta que o estado natural é estar fodido.

São bem poucos os que respondem "Bem!", e casos isolados os que soltam um assertivo, sincero e convicto "Muito bem!". Fica claro que alguma coisa está errada.

Esperamos alcançar a felicidade. E estamos tão acostumados a que ela nos seja *vendida* como algo pelo que se deve pagar e que seja *pintada* como algo incomum que, quando estamos diante dela, não a identificamos.

Portanto, esse necessário processo de *desaprendizagem* para voltarmos a ser humanos e reforçar melhor nosso papel social (ou seja, a solidariedade que se espera do ser gregário para aproveitar melhor e mais eqüitativamente os recursos disponíveis e melhorar as condições de vida do coletivo) requer uma preparação prévia.

A primeira coisa a fazer é nos convencermos de que, embora "Desejo" *seja o nome de um bonde,** "Felicidade" *não é o nome da estação final de nenhum trajeto. A felicidade é uma sensação de bem-estar experimentada pelo cérebro.* Como tal, no fundo, consiste na secreção de determinados transmissores químicos que estimulam certas regiões cerebrais e vias neuronais específicas em resposta a uma situação. A felicidade não se compra. Nem é um objeto.

A felicidade não é nenhum destino, mas faz parte da paisagem que se vê pelas janelinhas dessa viagem que é a vida.

---

* Referência ao título de uma peça de Tennessee Williams: Um bonde chamado desejo. (N. do E.)

Pode-se dar o paradoxo de que fixemos o olhar (e toda a esperança) em uma hipotética estação no final do trajeto, e que isso nos impeça de desfrutar da paisagem pela qual estamos passando: ou seja, dos momentos *felizes* que formos encontrando.

Lamentavelmente, esse é um erro muito comum em nossa sociedade.

A felicidade também não é permanente. Esse é o segundo ponto a levar em conta. E, aqui, a neurologia torna a proporcionar a base teórica que sustenta essa afirmação: somos capazes de valorizar um estímulo por contraste com uma situação imediatamente anterior ou imediatamente posterior, diferente em intensidade ou em qualidade.

Façamos uma analogia visual. O olho humano é incapaz de perceber uma linha branca traçada sobre um quadro branco. Só apreciamos algo quando há certo contraste, certo matiz. Não é preciso que a linha seja preta; basta que seja de um cinza tênue. No campo da percepção visual, as sombras são imprescindíveis para termos a sensação do volume das coisas, para delimitá-las, para diferenciá-las. As sombras da vida, também.

Refleti sobre esse fato em 1998, quando visitei uma exposição de Eduardo Chillida em Bilbao. Entre as obras expostas, estava a série em pequeno formato intitulada *Argian* ("na luz"): em cada retângulo de papel branco percebiam-se, em baixo-relevo, as linhas características da escultura desse autor. A leve sombra que o próprio papel fazia era a única coisa que permitia distinguir a forma de papel branco no próprio papel branco.

Na vida, ocorre algo parecido. Supondo que pudesse existir uma sensação de prazer ou de *felicidade* constante e eterna, acabaríamos nos aborrecendo, ou seríamos incapazes de continuar sentindo prazer devido ao esgotamento neuronal.

Você já observou o que acontece quando entramos em um lugar com um cheiro insuportável? Ao cabo de poucos segundos, ou nos esquecemos do mau cheiro ou não nos parece mais tão desagradável.

E o que acontece com a suave música de fundo das salas de espera? Se não fizermos um esforço, em pouco tempo deixamos de *ouvi-la*. Nosso cérebro só voltará a reparar nela se soarem as notas de uma canção conhecida, se entrar a voz humana ou se recomeçar após um silêncio.

Um avião nos transporta a uma velocidade de 1000 km/h. Se não tivermos uma referência visual (porque é noite ou porque as janelas estão fechadas), quando perceberemos o movimento? Só durante a decolagem ou a aterrissagem, e se houver alguma turbulência que altere a linha reta de velocidade constante com um leve deslocamento lateral ou vertical.

Felizmente, Shangrilá ou o Éden são só utopias. Na vida real, a sensação de felicidade ou de bem-estar é algo passageiro.

Do ponto de vista neurológico, isso tem a vantagem de impedir que deixemos de apreciá-la por tédio, ao mesmo tempo em que permite recordar um período de bem-estar passado e esperar outros no futuro.

Talvez devêssemos ver a vida como uma montanha-russa na qual subimos com os olhos vendados. Não faz sentido esperar um trajeto retilíneo nem uniforme, mas justamente o contrário: subimos lentamente uma ladeira até que, em determinado momento, chega uma descida aparentemente interminável, curvas vertiginosas e giros. Depois, um momento de placidez horizontal. E assim sucessivamente, até que o carrinho pára: sinal inequívoco de que a viagem terminou.

Por definição, não existem montanhas-russas lineares nem em queda livre permanente. A vida também não é placidez ilimitada nem um poço sem fundo.

A revista brasileira *Época* publicou uma reportagem intitulada: "Como passar dos 100. No Brasil, já há quase 25 mil centenários. Qual é o segredo?".[2] Relata cinco experiências de cinco regiões do país cuja expectativa de vida é superior aos 71 anos e 8 meses de média nacional. A autora fez a seguinte pergunta a pessoas desses cinco grupos: "A que atribui sua longevidade?". Chamam a atenção as causas pelas quais os próprios protagonistas acham que vivem mais: "continuar trabalhando e sentir-me útil", "manter uma vida social ativa", "praticar esporte" ou "adotar uma dieta saudável". Em nenhum caso se fez referência a "ter dinheiro", "ser dono de uma casa cinematográfica" nem "dirigir um carro conversível".

Dona Íris e seu marido, o doutor João, moram na pequena cidade de Espírito Santo do Pinhal, a uma centena de quilômetros da grande metrópole paulistana. Ela era dentista e ele, médico anestesista; ambos estão aposentados e, além de cuidar de uma fazenda de café, às segundas, quartas e sextas recebem um jovem que lhes ensina algo que não puderam aprender em sua época: os princípios da comunicação eletrônica, uso do *e-mail* e navegação na Internet. Sua filha Thaïs me conta que assim podem se comunicar regularmente com seu filho Thales, que mora temporariamente na Califórnia. Além disso, dona Íris está aprendendo inglês para poder entender seu neto menor, que praticamente esqueceu o português.

"O segredo da longevidade está na alegria", afirma outro dos septuagenários entrevistados na reportagem citada.[2] Mas *o que nos faz rir?, o que nos faz ficar contentes e ver a vida com otimismo?*

- *Por que ser otimista é saudável?*

O ser humano (como qualquer ser vivo) não passa pelo mundo como se nada fosse; o ser humano interage e responde aos estímulos positivos ou negativos do entorno. E essa reação não é só mental: cada vez, dispomos de mais provas científicas a favor da afirmação de que são respostas com transmissores envolvidos que desencadeiam tempestades neuroquímicas, cujas conseqüências se fazem sentir além dos neurônios. Poderíamos dizer que o temporal neuroquímico tem conseqüências globais no organismo.

Nas últimas décadas esquecemos definitivamente a separação entre o corpo e a mente defendida durante séculos. Do mesmo modo que se fala do "efeito borboleta" como imagem da interdependência existente entre os fenômenos em um sistema caótico — como a biosfera —, não é um disparate imaginar um "efeito dominó" para descrever as conseqüências de um estímulo externo que, por diferentes mecanismos, acaba provocando uma série de manifestações clínicas (por exemplo, hipertensão arterial).

No terceiro capítulo já comentamos que a exposição a estímulos negativos cotidianos (estresse psicossocial) é associada à secreção de corticóides. Essa resposta permite que o organismo se adapte à situação adversa porque garante mudanças fisiológicas, afetivas, cognitivas e comportamentais, que permitem voltar rapidamente à situação reparadora. Esse aumento dos corticóides pode ser medido por meio de uma amostra de saliva. Até aqui, nenhuma novidade, e já nos referimos a essa resposta ao descrever a vida de Smog. Porém, um estudo realizado no departamento de Psiquiatria e Neuropsicologia da Universidade de Maastricht comprovou que a secreção de corticóides perante um estímulo negativo era menor nos pacientes com depressão clínica que nos voluntários saudáveis.[3] Isto é, a pessoa deprimida tem menos defesas contra o estresse psicossocial.

Há outra observação relevante em relação à secreção de corticóides: foram estudadas as concentrações desses hormônios na saliva de oitenta voluntários de Hong Kong seis vezes ao dia durante dois dias; ao mesmo tempo, media-se o nível de otimismo por meio de testes validados.[4] Os autores desse estudo descobriram que as pessoas mais otimistas eram as que tinham uma concentração mais baixa de corticóides ao acordar, um momento em que o humor está controlado. Essa observação sugere que os recursos psíquicos (como a disposição ao otimismo ou o afeto positivo generalizado) também têm impacto sobre a secreção de corticóides — que, lembre-se, tem efeitos negativos na saúde.

Para expressar isso de maneira ilustrativa, a ciência demonstrou que, efetivamente, *os otimistas já começam o dia de uma maneira diferente!*

E, provavelmente, também vivem de uma maneira diferente.

Elizabeth Gould é diretora do departamento de Psicologia da Princeton University, em Nova Jersey. Dedicou-se a demonstrar a falsidade de um dogma clássico: até agora, afirmava-se que não criamos neurônios novos. Por meio de vários estudos, essa pesquisadora conseguiu comprovar não só que criamos novas células no cérebro, mas também que a estrutura do cérebro ou a densidade dos dendritos é muito influenciada pelo ambiente.

Fatores como o estresse constante, pela já conhecida secreção constante de corticóides, não só afetam o sistema cardiovascular como também inibem a gênese neuronal, pelo menos na região do hipocampo. Isso poderia explicar alterações como perda de memória em pessoas expostas a situações de estresse prolongado.[5] Ou seja, à vida urbana do século XXI.

Ao contrário, um estudo realizado com 58 voluntários da Universidade de Pavia que se encontravam na primeira fase de uma nova paixão concluiu que, comparado com dois grupos de voluntários não apaixonados, durante a paixão romântica há um aumento dos fatores de crescimento neuronal.[6] Esse estudo ajudaria a dar uma certa razão científica ao que se costuma dizer quando alguém volta a se apaixonar: "o amor o rejuvenesceu".

Mas, o que é "otimismo"?
O psiquiatra Luis Rojas Marcos escreveu uma obra de referência sobre o tema: a excelente e completa *La fuerza del otimismo* [A força do otimismo].[7] Nesse livro, analisa muitos aspectos da predisposição positiva para a vida, desde sua definição até seus "venenos", passando pelos efeitos benéficos na saúde. Também cita vários personagens que ao longo da história foram se manifestando como detratores implacáveis dessa atitude. Quantas vezes o otimismo não foi representado como

uma posição cândida ou *naif* diante da "dura e tétrica realidade do dia-a-dia da existência no mundo"?

O *otimista* é a pessoa que, via de regra, espera que os acontecimentos futuros da vida tenham um desenlace positivo. Costuma atribuir a causas externas os acontecimentos ruins que, além disso, considera temporários e não atribuíveis a fatores gerais e estáveis.[7-10]

Os psicólogos e os psiquiatras falam de diversos tipos de otimismo (como a predisposição otimista ou o otimismo de tipo explicativo), e elaboraram alguns testes que permitem medir facilmente o nível e o tipo de otimismo das pessoas. Além disso, envolvem-se cada vez mais em estudos para tentar relacionar o otimismo ou a visão positiva da vida com diversas variáveis clínicas, que vão desde a percepção da dor até complicações cirúrgicas ou a morte.

Em geral, a filosofia de vida da pessoa otimista a faz esperar que as coisas dêem certo e, portanto, predispõe-se a isso. Confia que conseguirá algo e, portanto, tenta. Não se rende tão facilmente diante de um fracasso ou de uma dificuldade.[7,11] Diante de uma dificuldade — como o caminhante que encontra uma bifurcação do caminho —, qualquer ser humano tem que decidir se segue adiante e se compromete para tentar superar a situação ou se se rende.[12]

A decisão depende, em grande parte, de considerar ou não os resultados desejados alcançáveis (ou seja, da predisposição ao otimismo) e, naturalmente, da experiência anterior ou das tentativas prévias (e seus resultados).

Luis Rojas Marcos relata o experimento que Martin Seligman, professor de psicologia na Universidade da Pensilvânia, fez: quando se colocam cães em gaiolas eletrificadas e eles percebem que não podem fugir da situação adversa persistente, tornam-se passivos e acabam perdendo a vontade de tentar controlar sua sorte. Se as pessoas se sentem permanentemente indefesas em situações adversas, a esperança fica soterrada e as perspectivas se tornam difusas.

> Está comprovado que as pessoas que gozam de uma razoável sensação de controle sobre suas circunstâncias e que consideram que ocupam "o lugar do motorista", mesmo que isso seja uma fantasia, enfrentam de maneira mais positiva os problemas do que quem acha que não controla suas decisões ou que estas não contam.[7]

Os mecanismos pelos quais alguém é otimista ou pessimista e a maneira como pessimismo e otimismo se relacionam com os traços da personalidade ficam fora do alcance deste texto. Basta recordar que a genética e o ambiente participam desse "todo" global que é o ser humano e seu desempenho no que se poderia chamar de *regime de comunhão de bens*. Porém, ao contrário do que se afirmava há algumas décadas, é possível modificar alguns aspectos e potencializar uma visão positiva.

Martin Seligman, a quem citávamos no parágrafo anterior, além de seus trabalhos publicados em revistas científicas é um autor que transformou em clássicos livros de psicologia positiva como *Learned optimism* [Aprenda a ser otimista]. Yvonne Steinert, do departamento de Medicina de Família da McGill University, Canadá, escreve:

> Embora a expressão psicologia positiva possa sugerir que se trata de uma psicologia "pop" ou de um movimento popular, não é.[13]

Comenta que, embora as estratégias sugeridas pela psicologia positiva não sejam apropriadas para todos os pacientes nem sejam intuitivamente atraentes para todos os clínicos, os benefícios de potencializar o bem-estar, a felicidade ou o otimismo têm por trás cada vez mais provas científicas que os sustentam.

Na seção seguinte, resumiremos brevemente alguns estudos científicos que apóiam os benefícios do otimismo e da predisposição positiva na saúde.

- *Otimismo e saúde. Alguns exemplos clínicos*

> Here is a little song I wrote
> You might want to sing it note for note
> Don't worry, be happy
> In every life we have some trouble
> When you worry, you make it double
> Don't worry, be happy.*
> BOBBY MC FERRIN

Um estudo científico garante...
Mas, o que há realmente de verdade nisso? Certeza de que não nos dirão o contrário dentro de um ano, como acontece tantas vezes?

Os cientistas estudam as causas e os efeitos, formulam hipóteses e tentam comprová-las. Para isso, há normas estabelecidas, regras do jogo: o método científico. As afirmações

---

* Eis aqui uma musiquinha que eu escrevi/ Você poderia querer cantá-la nota por nota/ Não se preocupe, seja feliz/ Em cada vida há alguns problemas/ e se você se preocupar, será pior/ Não se preocupe, seja feliz.

que não se originem de um estudo elaborado de acordo com esses princípios ficam só no palavrório, pseudociência ou, no melhor dos casos, hipóteses sem confirmar.

Infelizmente, a medicina e a cura estão cercadas de interesses, assim como a psicologia ou o mundo da auto-ajuda. Partindo dessa idéia, quando Jordi Nadal me perguntou se poderia escrever um texto no qual fizesse referência aos benefícios do otimismo na saúde, a primeira coisa que fiz foi consultar o banco de dados da Public Library dos Estados Unidos,

A avalancha de informação, a escassez de tempo e a tendência à cultura da "sopa instantânea" favorecem a confusão entre realidade e ficção, entre fatos comprovados e especulações, entre ciência e pseudociência ou palavrório. Nesta imagem, obtida por superposição de reflexos, a verdadeira torre de Pisa parece reta diante das cópias em gesso na vitrina de uma loja. Pisa, 2005.

uma ferramenta que costumamos utilizar freqüentemente para identificar os artigos científicos publicados em revistas de prestígio. Antes de dar uma resposta definitiva, queria conhecer as provas que apoiavam o que parece de bom senso: se a pessoa está bem consigo e com o mundo, ao longo do tempo isso é positivo, ela vive melhor e, provavelmente, mais.

No buscador desse banco de dados cruzei palavras como "otimismo" e "saúde", "bem-estar" ou "morte". Como resultado da consulta, encontrei mais de mil referências que, de um modo ou de outro, analisavam os efeitos do otimismo. Os parágrafos que se seguem pretendem ser um passeio pelas publicações científicas mais contundentes a respeito do tema, e, assim como no resto do livro, são estudos que seguem o método científico (no final do texto, fornecemos a referência bibliográfica completa, caso o leitor interessado deseje consultar diretamente a fonte original).

Quem não está vivo, não pode ser feliz.[14]
ERICH FROMM

Para a American Academy of Family Phisicians, a promoção da saúde mental é um componente bem integrado no atendimento primário da saúde. O crescente interesse que a medicina familiar e comunitária mostra pela psicologia positiva explica-se por três motivos:[15]

1. as pessoas felizes tendem a gozar de melhor saúde e a viver mais;

2. as emoções positivas favorecem a flexibilidade cognitiva, a criatividade e o autocontrole, e
3. as intervenções que visam aumentar a felicidade provavelmente reduzem as doenças mentais.

Tendo em conta o funcionamento desse laboratório interno a que nos referíamos no terceiro capítulo, o estresse e as emoções mobilizam transmissores envolvidos no desenvolvimento ou na recuperação de várias doenças. As mais estudadas são as doenças cardiovasculares, diabetes, doenças respiratórias — como asma —, dor lombar, algum tipo de artrite ou algum tipo de câncer.[16] Além disso, parece que há uma clara relação entre fatores psicológicos e a imunidade; em 1964, Robert Ader já definiu o conceito de psiconeuroimunologia.

Doenças cardiovasculares e otimismo

Em 1991, na cidade holandesa de Arnhem, começou o acompanhamento de 1793 homens e mulheres entre 65 e 85 anos. Os pesquisadores recolheram ampla informação sobre o estilo de vida de cada participante, seu estado de saúde e os resultados de testes psicológicos que mediam, dentre outros aspectos, o grau de otimismo. Nove anos depois, haviam ocorrido 397 falecimentos. Ao analisar os dados, os autores concluíram que o otimismo tem um papel protetor contra a mortalidade por qualquer causa, provavelmente às expensas da menor mortalidade cardiovascular; além disso, esse efeito positivo é mais visível em homens que em mulheres. A explicação seria que os otimistas realizam mais atividade física, têm mais saúde, adaptam-se de maneira mais eficiente e encontram maior apoio social que os pessimistas.[10]

Na ilha grega de Corfu, desde 1961 está sendo acompanhado um grupo de 529 homens que vivem no meio rural. Em 2001, 68 idosos ainda estavam vivos. Ao contrário dos falecidos, eles *seguem uma dieta mediterrânea clássica (igual à de seus avós), participam de atividades físicas e sociais e têm uma elevada pontuação nas escalas de otimismo.*[17]

Continuando no âmbito das doenças cardiovasculares e seus fatores de risco, outro estudo — neste caso com 209 mulheres dos Estados Unidos e Finlândia — procurou os fatores relacionados com uma diferente evolução de um tipo de arteriosclerose por meio da comparação de tomografias computadorizadas realizadas antes e depois da menopausa. De novo, as mulheres otimistas tinham vantagem, pois mostraram uma evolução mais lenta da arteriosclerose na carótida, um fator de risco para sofrer problemas vasculares cerebrais.[18]

Outro grande grupo de pacientes acompanhado desde 1961 é o do Veterans Affairs Normative Aging Study da Harvard Medical School, em Boston. Em 2001 foi publicada uma análise dos dados obtidos que demonstrava, pela primeira vez, que *um otimismo de tipo explicativo (aquele que acha que o futuro será favorável porque é possível controlá-lo) reduz o risco de sofrer doenças cardíacas em idosos.* Os autores observaram que o efeito protetor do otimismo era independente de condutas como fumar ou beber álcool — conhecidos fatores de risco cardiovascular —, e o atribuem ao seguinte fato: os otimistas sofrem menos estresse, ou se adaptam melhor a ele, e essa adaptação se traduz em um menor impacto sobre os vasos sanguíneos e o coração.[19]

Algo parecido acontece quando o paciente tem um problema com o ritmo cardíaco e requer a implantação de um marca-passo: foram estudadas as características de 88 pacientes para tentar identificar fatores capazes de predizer o sucesso após a intervenção. Os resultados revelaram melhor resposta entre os pacientes mais otimistas — com menos antecedentes de depressão, menos ansiosos e com maior apoio social. Nesse estudo, chegou-se, até, a demonstrar que as características psicológicas do paciente têm tanto ou mais peso que outros fatores, como a idade ou o próprio funcionamento do coração.[20]

Concluindo, as evidências científicas atuais apontam para o fato de que os tubos de ensaio fumegantes do laboratório interno do estressado Smog têm um efeito ainda mais negativo no funcionamento de seu sistema cardiovascular se, além de tudo, ele for pessimista.

As explicações dadas para justificar esses achados são múltiplas. Como mencionamos, uma das razões é que os otimistas têm hábitos mais saudáveis. Em 1966 começou o acompanhamento de 8690 homens e mulheres finlandeses nascidos nesse ano. Quando tinham 31 anos, os dados foram analisados. Em comparação com os pessimistas, os otimistas tendiam a comer mais verdura e saladas, frutas, queijo com pouca gordura e menos molhos. Além disso, os pessimistas tinham uma massa corporal superior e fumavam mais.[21]

Câncer

O câncer consiste em um crescimento celular descontrolado. Há muitos tipos de câncer e há muitos fatores envolvidos no aparecimento e desenvolvimento dessa alteração. Eles também diferem segundo a localização e o tipo de células afetadas. O câncer é motivo de variadas publicações científicas e também costuma aparecer na imprensa em geral. Enquanto estava preparando este texto, chamou-me a atenção uma manchete que saiu no jornal *El País*:[22] "Estresse e câncer, uma suspeita que não pára. Pacientes e médicos acham que os acontecimentos estressantes podem influenciar, mas faltam provas".

E com relação ao otimismo, o que se sabe?

A hipótese tem sua lógica, se levarmos em conta o que já conhecemos sobre a diferente adaptação das pessoas otimistas ao estresse, assim como a relação bem estabelecida entre câncer e imunidade e, por sua vez, a relação entre o otimismo e certos tipos de imunidade.

Uma revisão dos efeitos do otimismo na imunidade cita vários estudos que demonstram que o otimismo é um fator que prediz menor mortalidade por certos tipos de câncer, embora não de outros. A autora também aponta outro estudo, no qual o otimismo em mulheres portadoras do vírus HIV era associado a uma maior imunidade.[23]

No que realmente concordam várias pesquisas é nos efeitos positivos do otimismo contra a evolução do câncer. Por exemplo, um estudo norueguês pesquisou os fatores que serviriam como preditivos da qualidade de vida em mulheres recém-diagnosticadas de câncer de mama. Os autores concluíram que *o otimismo prediz um desempenho emocional e social melhor um ano depois da intervenção cirúrgica para extirpar o câncer*. Além disso, no momento do diagnóstico e durante todo o período posterior, a predisposição ao otimismo foi associada a uma melhor qualidade de vida e menos sintomas.[24]

Em um estudo norueguês que incluiu 165 mulheres também com um diagnóstico recente de câncer de mama, observou-se que as mulheres pessimistas apresentavam mais ansiedade ou depressão durante o ano seguinte ao diagnóstico que as otimistas.[25]

Após o diagnóstico de uma doença grave, o estresse psicológico e a preocupação com possíveis recorrências, a ansiedade ou a depressão podem diminuir a qualidade de vida dos sobreviventes. Há o estudo de uma amostra escolhida ao acaso de 321 sobreviventes em longo prazo de diferentes tipos de tumores. Os autores concluíram que um terço dos sobreviventes continuava temendo o reaparecimento do câncer mesmo anos depois do episódio. A preocupação com o câncer favorece a ansiedade e a depressão. De novo, observou-se que as pessoas mais otimistas desse estudo tinham menos medo, níveis inferiores de ansiedade e menos depressão.[26]

Intervenções cirúrgicas

O estado psíquico após uma intervenção cirúrgica contribui para uma recuperação mais rápida do paciente. Segundo o que descrevemos em relação a outras situações clínicas, é lógico pensar que a predisposição ao otimismo possa ter algum papel positivo nessas pessoas. Um estudo de 183 pacientes submetidos a uma intervenção cirúrgica observou que o humor negativo é associado a maior fadiga pós-operatória.[27]

E, também...

A constipação intestinal é um problema digestivo que causa mal-estar e, além disso, está relacionada com ansiedade, depressão e disfunção social. Um estudo analisou as características de oitenta pessoas com *constipação intestinal crônica grave* que motivou uma visita ao hospital. Ao que parece, *esses pacientes tinham mais problemas de adaptação (derivados de comportamentos esquivos e de ansiedade antecipada) que as pessoas saudáveis.*[28]

Outras análises realizadas no grupo de jovens finlandeses acompanhados desde o nascimento, em 1966, revelam que os mais otimistas, além de hábitos alimentares mais saudáveis, têm mais saúde dental.[29] Essa observação também é atribuída à relação existente entre a predisposição otimista e o processo de adaptação ativa ao meio (o que, na literatura psicológica americana é chamado de *active coping*).

Essa melhor adaptação, estreitamente relacionada com o fato de tender a ver o copo da vida meio cheio, traduz-se em melhores hábitos de higiene dental, uma dieta mais saudável[21] e maior adesão a condutas preventivas.

Outro aspecto importante em qualidade de vida e saúde é como o final da vida é vivido. Na primeira parte deste livro referimo-nos à morte e às diferenças culturais em sua percepção. Mas, o que acontece diante da própria morte?

Um estudo sueco analisou a relevância da filosofia de vida e do otimismo em 69 pessoas: 42 pacientes recentemente diagnosticados de câncer gastrintestinal avançado e 26 cônjuges desses pacientes. Parece que o fato de acreditar em uma vida futura após a morte biológica reduzia o estresse psicológico, possivelmente porque o fato de *acreditar* estava associado a maior otimismo,[11] embora outros estudos sugiram que essa relação não está tão clara (veja mais adiante, p. 201).

Terminaremos com um estudo realizado em Londres: foram identificados 24 homens voluntários e lhes foi feita uma incisão de 4 mm (similar à ferida causada por uma biopsia). O nível de estresse foi medido, bem como as concentrações de cortisol na saliva e a cicatrização da ferida durante duas semanas. Concluíram que quanto maior a concentração de cortisol ao acordar — ou seja, quanto maior o nível de estresse —, mais lenta era a cura da ferida.[30]

A relação de estudos poderia ser muito mais extensa. O leitor interessado pode obter bibliografia em banco de dados científicos como *PubMed* (http://www.pubmed.gov). O objetivo de descrever alguns deles foi duplo.

Em primeiro lugar, transmitir a idéia de que a visão positiva da vida tem efeitos benéficos sobre a saúde, e que isso se explica pela complexa trama de transmissores que relacionam a percepção, as idéias e o funcionamento dos órgãos e sistemas do corpo humano.

Em segundo lugar, para que o leitor saiba:

1. que esse tipo de assunto também interessa aos cientistas;
2. que os efeitos da vida cotidiana na saúde são objeto de muitas pesquisas de primeiro nível, e
3. que esses achados permitem, ainda, identificar pessoas com fatores de risco de ter um pior resultado e realizar as intervenções oportunas para evitá-lo, na medida do possível.

"Hoje pode ser um grande dia", diga a você mesmo:
aproveitá-lo ou deixar que passe depende, em parte, de você.
Dê o dia livre à experiência, para começar,

e receba-o como se fosse festa de guardar.
Não permita que se esfumace, venha e consuma a vida a granel.
"Hoje pode ser um grande dia", duro com ele.
"Hoje pode ser um grande dia",
onde tudo está para ser descoberto,
se você o usar como se fosse o último que lhe cabe viver.
Leve seus instintos para passear, e areje-os ao Sol,
e não dose os prazeres, se puder, esbanje-os.
Se a rotina o esmagar,
diga-lhe que já chega de mediocridade.
"Hoje pode ser um grande dia", dê-se uma oportunidade...
"Hoje pode ser um grande dia", impossível de recuperar,
um exemplar único, não o deixe escapar.
Pois tudo quanto o cerca foi posto aí para você.
Não olhe tudo da janela e sente-se à mesa do banquete.
Brigue pelo que você quer e não se desespere
se alguma coisa não andar bem.
"Hoje pode ser um grande dia"
e amanhã também.

JOAN-MANUEL SERRAT,
Hoy puede ser un gran día [Hoje pode ser um grande dia].

2. GINÁSTICA PARA OTIMISTAS

Meu filho Martí joga basquete. Lembro de um jogo contra outra equipe da liga infantil que mostrou sua superioridade desde o primeiro momento. No final do quinto tempo, levavam dezesseis pontos de vantagem, e a equipe de Martí continuava desorganizada. Restavam oito minutos de jogo, um tempo que ainda podia lhes dar a vitória se os cinco jogadores que estavam em campo soubessem aproveitá-lo bem. A situação podia ser resumida assim:

- se a equipe de Martí se rendesse, perderia o jogo;
- se se organizasse e mudasse de atitude — se todos dessem o máximo de si —, podia virar o placar;
- se a equipe adversária confiasse em seus dezesseis pontos de vantagem e, ainda, a equipe de Martí respondesse positivamente, a vitória para o time de Martí poderia ser mais simples.

A resposta positiva diante de uma adversidade pode ajudar a modificar a situação. No exemplo de um jogo de basquete que parece "perdido", o empenho para realizar jogadas hábeis facilita a marcação de pontos e, por sua vez, esses pontos aumentam a auto-estima e melhoram o empenho. Martí lança a bola na cesta depois de driblar dois jogadores da equipe adversária.

Durante o último descanso, todos cercaram o treinador. Olhavam-no atentamente enquanto ele gesticulava como se desenhasse jogadas no ar, com movimentos vigorosos, mas nada violentos. Ignoro suas palavras. E também ignoro que molas propulsoras essas palavras conseguiram mover para que o grupo respondesse com vontade de lutar, de defender o objetivo comum de virar o placar. De qualquer maneira, os jogadores que pisaram na quadra no último tempo pareciam outro time. Oito longos minutos depois, o árbitro apitou o final do jogo: o time de Martí fez 25 pontos; superou os dezesseis de vantagem, neutralizou os sete pontos adicionais que o time adversário fez enquanto tentava evitar o contra-ataque inesperado e, ainda, uma cesta final lhes deu a merecida vitória: 65 a 63.

Qual é a fórmula desse treinador? O que disse a seu time?
Como conseguiu transformar a tendência a se render e a se deixar levar pela aparente superioridade do rival?

Talvez alguém ache que a melhor coisa que o treinador poderia fazer era escrever seu método em um livro de autoajuda para benefício de todos. É surpreendente ver como cresce incessantemente o espaço que as livrarias dedicam aos livros que oferecem fórmulas mágicas e *receitas de cozinha* para alcançar a felicidade, ser o melhor executivo ou conseguir, finalmente, essa riqueza que tanto merecemos — mas que sempre escapa. E se você quiser conhecer o mais recente lançamento nesse campo, não hesite: vá ao aeroporto ou à loja de conveniências do posto de beira de estrada mais próximo.

No começo de seu romance *Ser feliz*®, o escritor canadense Will Ferguson explica que a idéia lhe ocorreu durante uma conversa sobre o mundo editorial com uma agente literária. Ela lhe confidenciou: "Vou lhe dizer uma coisa. Se alguma vez alguém escrevesse um livro de auto-ajuda realmente útil, estaríamos todos com um grave problema". A partir dessa frase, o autor inventou uma trama em torno das conseqüências de publicar um livro de auto-ajuda que realmente proporcionasse felicidade a todo o mundo. Na metade do romance, uma das protagonistas comenta:

> Você disse: "Assim, pois, as pessoas começam a ser felizes. O que há de mau nisso?". May, toda nossa economia baseia-se nas fraquezas humanas, nos maus hábitos e nas inseguranças. Na moda. Na comida rápida. Nos carros esportivos. Nos equipamentos eletrônicos. Nos brinquedos sexuais. Nos centros de dietética. Nos clubes de beleza para homens. Nos anúncios pessoais. Nas seitas religiosas. No esporte profissional, e eis aqui uma maneira de viver por meio de outros. Nos salões de cabeleireiro. Nas crises masculinas da maturidade. Nas compras desenfreadas. Toda nossa forma de vida baseia-se na insatisfação e na falta de confiança em nós mesmos. Pense no que aconteceria se as pessoas fossem real e verdadeiramente felizes. Se estivessem verdadeiramente satisfeitas com suas vidas. Seria um cataclismo. O país inteiro ficaria paralisado, e se os Estados Unidos pararem, você acha que o mundo ocidental seguiria adiante? Estamos falando de um efeito dominó global. O fim da história.[31]

Porém, parece que os editores (e o mundo em geral) podem ficar tranqüilos. Martin Seligman, autor do celebrado *Learned optimism*, comenta com lucidez que *as idéias da psiquiatria bio-*

lógica (ou seja, o ser humano está regido pelos princípios estritos da bioquímica e da genética) *convivem com as teorias da psicologia da aprendizagem* (ou seja, tudo pode ser modificado se o ser humano aprender como fazê-lo). Escreve:

> Há certas coisas sobre nós mesmos que podemos mudar, outras que não podem ser mudadas, e outras que só podem ser mudadas com um grande esforço.[32]

Por esse motivo, pode ser útil não deixar que os conhecimentos científicos fiquem em revistas de difícil acesso. Não nos cansaremos de repetir que conhecer a ciência, suas incertezas e inseguranças é, sem dúvida, mais útil que se render diante da complexidade para deixar espaço à pseudociência, a explicações esotéricas ou ao charlatanismo.

Há algumas décadas, os cientistas decidiram usar a caneta (ou o computador) para escrever não somente artigos científicos pensados para que seus colegas os lessem, mas textos que realmente *comuniquem* seu trabalho à sociedade. É o que se denomina *Terceira Cultura*.[33]

Enquanto estava escrevendo este texto, na contracapa do jornal *El País* apareceu uma entrevista com o cardiologista catalão Valentí Fuster.[34] Referia se a um livro que publicara para tentar transmitir à sociedade duas observações científicas fundamentais: a importância da saúde e da qualidade de vida.

Isto é, *temos que aprender a viver*.

É essa mesma idéia que está por trás do título desta seção. Não utilizei palavras como "fórmulas", "regras" ou "segredos", mas *"ginástica* para otimistas".

A "ginástica" sugere exercícios que podemos fazer ou não. Que nos propomos a fazer diariamente, mas que, às vezes, outros compromissos nos impedem de realizar regularmente. Que requerem treinamento para serem realizados de maneira correta. E sabemos por experiência que, quando conseguimos realizá-los, nos fazem sentir bem.

Ninguém encontrou ainda a pedra filosofal; que nenhum leitor se engane.

Se uma pessoa tem uma predisposição ao pessimismo, continuará sendo pessimista. Porém, também é verdade que, em uma escala de 0 a 100, ninguém é 100% pessimista nem 100% otimista.

Uma pessoa tem tendência a ser otimista diante da vida sem que isso impeça que se sinta pessimista diante de uma situação determinada.

Já comentamos em seções anteriores que ser otimista não é sinônimo de ser cândido nem bobo. Nem de andar pela vida com um par de enormes óculos de lentes cor-de-rosa.

O importante é ter a oportunidade de refletir sobre o entorno de cada um e identificar os fios que podem estar nos movendo como marionetes sem nosso conhecimento.

A ginástica do otimismo consiste em, após tomarmos consciência da trama biológica e das diretrizes sociais, tentarmos não só sobreviver com a água pelo pescoço, mas desfrutar do prazer de nadar.

Inclusive, se nos apetecer, conseguirmos mergulhar nas profundezas da vida para apreciar as maravilhas do bosque aquático, com seus peixes de cores e movimentos elegantes, e os labirintos de coral.

A ginástica do otimismo também consiste em evitar essa *humanidade light* na época da coca-cola *diet*, do café descafeinado e da leviandade ideológica — uma idéia que o psiquiatra Enrique Rojas desenvolveu em seu livro *O homem moderno*.[35] Além disso, provavelmente será preciso reduzir a marcha e, eventualmente, parar.[36]

• *Deter Smog*

Uma pergunta: você poderia dizer qual é a fase da Lua hoje, sem consultar o calendário que está pendurado na cozinha?
Ou melhor:
Quanto tempo faz que você não olha para o céu à noite?
Que não passeia sem levar o celular no bolso?
Que não dedica pelo menos quinze minutos a se sentar, colocar um CD e ouvir a música, sem fazer mais nada?
Smog entrou em seu mundo de estresse e velocidade no dia em que procurava um emprego para ter o dinheiro necessário e respondeu ao anúncio que, como quase todos os outros que apareciam no jornal naquele domingo, solicitavam um profissional "dinâmico", com "capacidade de impacto" e "acostumado a lutar por objetivos".
Sem que ele soubesse, foi colocado no gigantesco pião empresarial, e ele pensou: "Bem, logo vai parar". Mas ninguém o havia advertido de que, diferentemente dos piões com os

quais brincava quando era pequeno, esse não pára; ao contrário, acelera cada vez mais.

Pouco tempo depois, Smog ouviu-se dizendo que o próximo fim de semana ele "aproveitaria para..." (adiantar a apresentação que tem na quarta seguinte, ou para esvaziar sua caixa de mensagens, ou...). Tinha um bom salário, é verdade, mas suas necessidades também haviam aumentado: seu cargo de executivo era incompatível com o *velho* automóvel modelo 2003, e não *podia* ir às reuniões com um terno que não fosse de uma grife *reconhecida*.

Já reparou na quantidade de pessoas que vão falando pelo celular enquanto andam pela rua?

Ainda resta alguém que vá ao cinema só para ver o filme, sem comer pipoca?

Freqüentemente tenho a oportunidade de visitar lugares considerados *turísticos*, tanto em Barcelona, quando acompanho colegas estrangeiros, como quando viajo para outro país e me levam para conhecer esse tipo de lugar. Sempre me surpreende ver pessoas que andam com sua câmera de vídeo na frente dos olhos e *vêem* a Sagrada Família, o Pão de Açúcar, as pirâmides de Tikal ou a geleira Perito Moreno através da tela de 3 x 5 cm.

No mundo de Smog, cada vez estamos mais acostumados a fazer várias coisas ao mesmo tempo. Quanto mais sentidos saturarmos, melhor, e gostamos da abundância, do excesso.

Vivemos na intoxicação sensorial constante. Abundância e excesso de estímulos. Poderíamos chamá-la de época da *holoxicação*.

Diante de tal quantidade de estímulos, *o vazio do silêncio ou da escuridão, ou o remanso do fim de semana ou das férias criam em nós uma síndrome de abstinência.* Já nos tornamos incapazes de apreciar a tranqüilidade.

E vivemos queimando etapas. Na segunda-feira queremos que seja sexta; na sexta queremos que o fim de semana passe depressa. Pouco depois de começar o inverno, já se anuncia a coleção de primavera. Em fevereiro temos que pensar onde iremos na Semana Santa, em dezembro é preciso lembrar da volta à escola prevista para fevereiro, e em outubro já começa a campanha de Natal.

Queremos correr. Mas para quê?
Vestimos as crianças de cinco anos como adolescentes. As adolescentes de doze anos usam roupas de dezoito e se comportam como se já tivessem essa idade. Aos vinte anos, o que resta? O comentário não é gratuito. E o mercado tem suas razões poderosas. Que melhor cliente pode existir que um adolescente caprichoso, que tem capacidade para gastar o dinheiro de seus progenitores dispostos a pagar seus caprichos para contentá-lo?

Pena que, como aponta Eduardo Punset em seu *Viagem para a felicidade*, quanto maior a renda de que as pessoas dispõem, mais elevado é o limite para conseguir sentir prazer de novo, e maior é a tendência a se comparar.[37]

E, falando de comparações, além dos vizinhos e dos colegas de trabalho, aí está a imprensa e essas revistas de papel couchê para mulheres e para homens, onde todos os modelos são atraentes, usam marcas cujo preço supera sistematicamente o troco que levamos no bolso, e não parecem ter problemas com dieta nem com exercício, nem para chegar ao final do mês.

Está bem, mas como podemos solucionar isso?

Na palestra que Henri Laborit deu em Barcelona em 1979, resumiu algumas idéias que já havia exposto em livros como sua *Introducción a una biología del comportamiento*[38] ou que, mais tarde, estariam presentes no filme *Meu tio da América*. Vale a pena retomar a idéia, porque vários estudos posteriores demonstraram que continua vigente.

Após resumir o funcionamento cerebral e as bases da agressividade e do comportamento social, Henri Laborit comentou: "O que cada pessoa tem que responder a si mesma é como deseja viver — e morrer". A seguir, explicou três opções possíveis:

1. O senhor A é um funcionário-modelo. Nunca protesta, sempre cumpre suas obrigações, embora não esteja totalmente de acordo com elas. É casado e tem dois filhos. Trabalha para sua família, para poder bancar as necessidades crescentes de seus filhos universitários e o financiamento de sua casa no litoral. Em seu epitáfio, escreverá: "Um pai e esposo-modelo. Um trabalhador ideal e abnegado. Morreu repentinamente de um infarto aos 49 anos".
2. O senhor B trabalhou durante quinze anos na área de *marketing* de várias empresas do setor alimentício. Freqüentemente discutia com seus superiores, o que lhe custou o emprego em diversas ocasiões. A precária situação trabalhista repercutia freqüentemente em sua vida familiar. Divorciou-se de sua esposa, que ficou com seu

único filho, e começou seu caminho por uma espiral sem fim que o levou ao desemprego e ao alcoolismo. Morreu atropelado quando atravessava, à noite e bêbado, uma estrada, aos 52 anos.

3. O senhor C começou a trabalhar em uma empresa de produtos eletrônicos depois de se formar em administração. Casou-se e tem dois filhos. Durante doze anos trabalhou arduamente, até conseguir um cargo qualificado em sua empresa. Sempre gostou de desenhar, de modo que se introduziu na área de inovação da firma, familiarizou-se com os programas de *design* e procurava colaborar com o departamento. Há alguns anos, ofereceram-lhe o cargo de diretor de vendas, porém não aceitou: havia adquirido maestria suficiente na área de *design* e conhecia pessoas de várias firmas da área, de modo que se juntou com um colega de trabalho para criar uma microempresa. Por meio de seus contatos e de uma campanha promocional, em alguns anos conseguiram uma boa carteira de clientes, o que lhes permitia viver confortavelmente. O senhor C conseguiu compartilhar um trabalho de que gostava com a pintura, e, mesmo em viagens de negócios, sempre conseguia um espaço para pintar paisagens dos lugares que visitava. Aos 75 anos, divide seu tempo entre a pintura e o cuidado aos netos.

O ensinamento desses três retratos-robôs de H. Laborit poderia ser resumido em uma frase:

A *criatividade* — essa capacidade do cérebro exclusivamente humana — pode ser um bom companheiro de viagem.

Uma criatividade entendida em sentido amplo, não só artístico. Criatividade vital. Em suma:

- ter consciência dos próprios atos e do entorno;
- reduzir ao máximo os automatismos — o que fazemos sem pensar —, e
- *colocar a assinatura* de nossos neurônios em tudo aquilo que fizermos.

Não seria realista (nem útil) dizer a Smog que esqueça do estresse, que fique tranqüilo, que encare os inconvenientes cotidianos com mais calma e que pare de pensar no dinheiro para se aposentar e viver no campo ordenhando vacas ou cuidando de uma horta.

Para evitar os efeitos das curvas há duas soluções. Uma, drástica, consiste em não sair da cidade — portanto, não viajar, não viver. A outra é consultar um mapa e perceber que o caminho tem curvas; ao entrar no carro, anunciem: "Segure-se, olha a curva!".

Definitivamente, é útil para Smog saber por que cada vez lhe é mais difícil se concentrar, por que cada vez rende menos no trabalho e de que maneira esses fatores estressantes cotidianos (de que já tem medo, e nos quais mais pensa quanto mais se propõe a esquecê-los) o estão afetando.[39] E não afetam só seu sistema nervoso, mas também seu aparelho circulatório, suas costas ou sua região cervical.

Smog também deve saber por que dizemos que está montando um cavalo levando um frágil frasco de nitroglicerina no bolso se à situação anterior acrescentar os efeitos do tabaco, do sedentarismo e de uma dieta inapropriada.

Finalmente, Smog teria que dar uma olhada no mapa para lembrar que não existe o destino chamado "Felicidade", mas que a felicidade é a companheira risonha e discreta que encontramos de vez em quando no corredor do trem.

Assim, pois, se o destino de Smog não é esse e a felicidade não é nenhum Éden idílico, sendo algo com que cruzamos freqüentemente, talvez seja o momento para tentar encontrar suas pistas e desmascará-la.

Martin Seligman propõe um exercício útil e simples: escrevamos, a cada noite, três coisas boas que nos aconteceram durante o dia.

Aceita o desafio?
Bem, assim se começa a deter Smog.

• *Esperar as ondas de costas*

Juréia é uma praia situada no litoral do estado de São Paulo. Passei alguns dias de férias lá, enquanto este livro era cozido a fogo lento. A praia da Juréia tem cerca de dois quilômetros de extensão; é uma enseada ampla limitada por dois montes cobertos de espessa mata atlântica, um dos redutos do planeta com maior biodiversidade por metro quadrado. Essa praia é pouco freqüentada. É uma praia com muitas ondas oceânicas — ou seja, poderosas e altas —, e a diversão do lugar, além de conversar, caminhar, amar e observar o movimento constante da água com as cascatas de espuma refrescante, consiste em brincar com as ondas.

Brincar com as ondas consiste em andar uma centena de metros até que a água chegue à cintura, esperar que venha uma onda e decidir se nos jogamos contra ela para atravessá-la por baixo, se pulamos para diminuir seu impacto e evitar que nos cubra, ou se simplesmente deixamos que nos acerte e nos afunde na espuma.

Depois de uma semana brincando com as ondas aprendemos algumas coisas. Por exemplo, percebemos que, entre uma onda e a seguinte, o oceano fica aparentemente calmo enquanto a espuma desaparece. E percebemos que, antes de a onda seguinte chegar, o nível da água baixa alguns centímetros, como se, para se formar, a onda tivesse que aspirar parte da água que tem pela frente. Naturalmente, os físicos e os oceanógrafos estudaram todos esses fenômenos e definiram com fórmulas matemáticas as forças que permitem criar uma onda e fazê-la avançar.

Mas não foi isso o que me chamou a atenção na Juréia. O que me chamou a atenção foi perceber que podemos esperar as ondas de costas. No começo, não sabemos calcular bem, e alguma onda nos pega desprevenidos ou nos dá uma pancada que não esperávamos. Porém, se tivermos os sentidos alertas e estivermos atentos à leve descida da água calma e ao ruído de fundo — esse rugir incessante, que vai mudando de intensidade e de tom conforme a distância —, esperar as ondas de costas torna-se um atrativo a mais para uma atividade já em si divertida.

> A vida é como esperar as ondas de costas. Nunca sabemos quando uma onda vai nos acertar, nem se a última onda foi realmente a última onda *boa*. Podemos passar dez minutos na água angustiados e tentando nos virar. Ou podemos participar do jogo, sentir o entorno, deixar-nos levar e ter bons momentos.

Assim como acontece com as ondas da Juréia, é possível realizar a viagem da vida angustiado, só olhando para a frente, sem sair do caminho traçado. Uma alternativa consiste em utilizar a grande capacidade de abstração de nosso cérebro, brincar com as associações, não ter medo e aproveitar o potencial dos sentidos. Perceber — ou seja, viver. Uma vez, passeando por Barcelona, minha mãe me disse: "Se, em vez de olhar só para o chão, você olhar para cima, vai ver os edifícios; alguns são verdadeiras belezas arquitetônicas". Procurei transmitir essa idéia a meus filhos e a meus colegas de trabalho. Na imagem, Maria refletida no teto do edifício do Fòrum de Barcelona.

- *Amar, ouvir música e comer chocolate*

Então, o que a ciência recomenda para tentar melhorar o bem-estar?

Três idéias simples para um único objetivo: melhorar o bem-estar.

Um dos campos apaixonantes da ciência é o que tenta ir além do laboratório para explicar os mecanismos fisiológicos da vida cotidiana. E foi assim que se chegou à conclusão de que o amor é saudável.

A paixão gera bem-estar e requer uma boa dose de otimismo. Tobias Esch e George Stefano analisaram o que acontece quando um ser humano se apaixona. É quando encontramos algumas das substâncias armazenadas nesse laboratório interno que descrevíamos no terceiro capítulo: as endorfinas, os endocanabinóides, a morfina endógena, a oxitocina e o óxido nítrico.[40] Todas essas substâncias mobilizadas durante a paixão participam da redução da ansiedade e da depressão, do aumento da imunidade e do bem-estar. Adolf Tobeña, do departamento de Psicologia Clínica da Universidade Autônoma de Barcelona, aprofunda-se nesse tema em seu livro *El cerebro erótico*.[41]

Para eliminar alguns cálculos renais, basta colocar o paciente em uma banheira e submetê-lo a ondas de choque que despedaçam o cálculo; é um processo doloroso e requer analgesia. Em 2003, foram publicados os resultados de um estudo que concluiu que a música reduz a ansiedade. Os pacientes que recebiam um *walkman* para ouvir a música que quisessem durante esse processo ficaram mais relaxados e precisaram de menos analgésicos.[42]

Na Suécia, foi analisado o efeito da música em pessoas submetidas a uma intervenção cirúrgica. Observaram que os pacientes operados com música e que a ouviram também após a intervenção tiveram menos dor que os que não ouviram música; precisaram, aliás, de doses menores de morfina.[43]

Vários autores pesquisaram se o tipo de música poderia influir nos efeitos benéficos da própria música. Mozart foi o compositor mais estudado. Há anos se sabe que a Sonata K. 448 é capaz de modificar a eletrofisiologia cerebral. Um dos últimos estudos publicados a respeito analisou a rapidez e a qualidade de resposta de 33 pessoas diante de diferentes problemas numéricos e de rotação espacial. Ficou demonstrado que os voluntários que ouviram essa sonata durante a resolução dos problemas tinham uma melhor pontuação.[44]

A equipe de George Stefano também analisou os efeitos da música nos neurotransmissores para tentar explicar cientificamente a frase popular: "A música amansa as feras". Mediram a presença de diferentes transmissores no sangue em grupos de voluntários que ouviam música e compararam os resultados com outros voluntários que se encontravam nas mesmas condições, só que sem ouvir música. Comprovaram o efeito *calmante* da música, que se refletia no aumento de um derivado da morfina endógena, uma substância com efeitos sedativos à qual nos referimos anteriormente.[45]

Por acaso não há alguma música ou alguma canção que o transporte, que o alegre, que o deixe animado? Tem certeza que não?

Bem, se não é a música, talvez seja o exercício. Você costuma fazer exercícios quando chega a sua casa à noite ou, pelo menos, nos fins de semana?

O exercício físico foi associado a mudanças na percepção da dor e no estado de humor. Sabemos qual é a explicação científica: tanto o exercício de resistência praticado durante uma hora quanto o exercício anaeróbico aumentam as concentrações de endorfinas.[46] Isso também poderia justificar essa sensação de que "falta alguma coisa" no dia em que a pessoa não pode realizar seu exercício habitual; na realidade, falta a *dose* de endorfinas.

A massagem terapêutica reduz as concentrações sanguíneas de corticóides e produz modificações no eletrocardiograma similares às que a música causa (um efeito parecido ao observado durante um período de relaxamento).[47] No terceiro capítulo, havíamos feito referência à oxitocina, esse hormônio que reduz o estresse, ajuda a diminuir a pressão arterial e tem efeitos relaxantes (veja p. 152).[48] Pois bem, a oxitocina é liberada por meio de diversos estímulos, um dos quais é o tato.[49]

Há muitas outras situações que favorecem a secreção de transmissores com efeitos benéficos, capazes de reverter as conseqüências demolidoras do estresse cotidiano. A crença firme no além, por exemplo, pode favorecer um estado otimista em situações difíceis.[47] Como comenta Luis Rojas Marcos, a religião seria uma ferramenta de conservação do instinto humano, uma expressão do otimismo natural do gênero humano.[7]

É como se, diante da condição inexorável da morte, o ser humano reagisse com a vontade de sobreviver à fatalidade, de conviver de um modo *seguro* com ela, inventando um paraíso e acreditando nele.

Atividades como o xamanismo mereceriam uma análise especial, pois nelas provavelmente outros dois elementos muito poderosos, de discussão apaixonante, mas que vão além do limite lógico deste livro, podem ser encontrados: o efeito placebo e a contribuição desses múltiplos cenários denominados "ritual".

Em minha primeira viagem a Cuba, em 1998, tive a oportunidade de participar de uma cerimônia de *santeria* (semelhante ao candomblé) no bairro Marianao, junto com Toni e Xavier. Graças a alguns conhecidos, conseguimos que uma pequena comunidade nos permitisse assistir a sua reunião semanal das quintas-feiras na sala de jantar da casa da santeira. Durante mais de três horas, os complexos rituais, o ruído seco de um bastão batendo no chão ritmicamente, as canções repetitivas, o cheiro intenso das pétalas de flores e a fumaça dos charutos uniram-se à rede social e familiar da santeira com os outros assistentes. Tudo isso propiciava a atmosfera adequada para dar alívio coletivo a problemas de relação familiar ou social e para estimular a enfrentar positivamente problemas de saúde.

Porém, como já adiantamos (veja p. 181), um grande estudo que incluiu mais de 5 mil pessoas recrutadas em dezoito países analisou a relação entre qualidade de vida e crenças religiosas ou pensamentos espirituais. O estudo não chegou a conclusões muito claras sobre a relação entre ambas.[50]

Nesta tabela de *exercícios de ginástica*, embora tenhamos deixado de fora outros fatores e circunstâncias, há dois *clássicos* que não merecem ser esquecidos, e nem por serem citados em último lugar são menos importantes. Pelo contrário.

O humor.

Quanto tempo faz que você não desfruta de uma boa dose de risada louca?

Não, você não passou da idade nem pode dizer que não tem tempo para essas coisas!

O riso mobiliza vários músculos e desinibe. E é uma das poucas coisas contagiosas que, além de tudo, é divertida.

O humor também tem efeitos positivos nos doentes. A maioria dos estudos afirma que o humor é benéfico para o bem-estar dos pacientes.[51]

A última peça do quebra-cabeça é o chocolate.

Sim, esse antigo alimento dos maias.

Acontece que a química moderna descobriu que o chocolate é rico em antioxidantes, flavonóides, polifenóis... e ajuda na liberação de triptófano no cérebro, o precursor da serotonina (veja p. 139). Parece que o chocolate é a substância que causa mais sensação de "desejo" nos Estados Unidos, mas, além disso, contém mais fitoquímicos fenólicos que o chá ou o vinho tinto,[52] o que tem implicações para a saúde cardiovascular.[53]

Um estudo recentemente publicado na prestigiosa revista médica *Archives of Internal Medicine* descreve os resultados do chamado *The Zupthen Elderly Study*, um acompanhamento de quase quinhentos idosos durante quinze anos. As conclusões são simples e espetaculares: *o consumo de cacau está inversamente relacionado não só com a pressão arterial, mas também com a mortalidade por problemas cardiovasculares e por outras causas. Além disso, os autores observaram que o otimismo é uma característica da personalidade que também se relaciona inversamente com a mortalidade por causas cardiovasculares.*[54,55]

Estando neste ponto, talvez seja o momento de refletir e começar a viver.

Introdução (à vida)

~❧~

Em uma visita a São Paulo, o doutor João me mostrou um recorte de jornal que guardara para mim umas semanas antes. O título dizia: "A metade dos executivos não quer ser presidente", e o subtítulo informava: "Um estudo mundial da consultoria Burson-Marsteller mostra que os dirigentes de hoje preocupam-se mais com a qualidade de vida e não querem sofrer tanta pressão".* Entre as razões dadas pelos 650 entrevistados estavam as viagens constantes, a falta de tempo para a vida pessoal, ter pouca margem de erro, ter que tomar decisões duras e impopulares. Gostei de ler esse artigo.

> O bom senso é como uma bola que todos juntos nos empenhamos em afundar; por sorte, na menor oportunidade, a bola volta à superfície.

E se combinarmos deixar que o bom senso volte à superfície?

---

* Faleiros, M. "Metade dos executivos não quer ser presidente". *O Estado de S. Paulo*, 23 de fevereiro de 2006.

Como todo o mundo, com certeza você passa metade do dia com a cabeça em vários assuntos simultaneamente. Como se sentiria se tentasse fazer uma coisa de cada vez?

Álex Rovira e Fernando Trías, especialistas na boa sorte, já nos explicaram que o azar não cai do céu. Se você acha que não tem boa sorte, por que não sair para procurá-la?

Sorria, se tiver vontade.

Como estão os exercícios físicos? O ser humano não é um vegetal nem um mineral; o ser humano tem ossos e músculos para deambular e movimentar-se. Por que deixar que se tornem flácidos? Você pode andar, subir escadas, descer escadas, fazer amor.

Só nós e os papagaios temos capacidade de falar. Porém, os papagaios não têm nossa capacidade de abstração. Somos os únicos seres vivos com ambas as qualidades. Por que não as aproveitar? Converse; conheça as pessoas.

Ah! E o tato, o domínio do movimento e essa tendência a se relacionar que os humanos têm fazem com que sejamos os únicos seres capazes de acariciar com maestria. Não tema tocar as pessoas nem que o toquem. Acaricie, deixe-se acariciar e sinta.

Sorria, se tiver vontade. Já dissemos isso? Bem, não faz mal repetir.

Muitos seres humanos têm uma capacidade extraordinária para criar beleza. E todos nós podemos aprender a apreciá-la. Você não é capaz de tocar, escrever ou dançar? Ok, mas com certeza é capaz de ouvir música, ler um livro ou ver um filme.

Por que não deixar que as palavras e a música cheguem até o recanto mais profundo do cérebro? Mas ouvindo com atenção, olhando com atenção. Aproveite.

Ria, chore, respire profundamente. Ame e faça amor. Isso também já dissemos, não?

Abra a janela e descubra o céu à noite (além disso, tem certeza de que é necessário manter o ar-acondicionado sempre ligado?).

Você sabe que os edifícios têm mais coisa além de uma portaria? Quando andar pela rua, olhe de vez em quando para cima. Há varandas e janelas muito bonitas. E quando andar pela vida, olhe para o rosto das pessoas.

Coma chocolate.

Este momento não voltará jamais. Tem certeza de que vale a pena desperdiçá-lo fazendo duas ou três coisas malfeitas?

Se você não estiver bem consigo, não poderá dar o máximo de si, e de nada servirão os prazos de entrega. Portanto, controle seu tempo.

Ria e ame. Beije, toque. Não seja mesquinho com os sentimentos. Quem não sente não está vivo.

Uma vez, encontrei um conto anônimo tão curto quanto bonito. Fez com que eu mudasse muitas coisas na vida. Seu nome é *Açúcar*, e diz o seguinte:

> Hoje, na cidade, todos, absolutamente todos, acordaram com grãos de açúcar nos lábios. Mas só perceberam os que, ao acordar, se beijaram.*

Comece a viver.

---

* Publicado em *Veinte Cuentos*, coletânea da revista *Planeta Humano*. Barcelona, 2001.

Referências

1. ROVIRA, A. *La brújula interior.* Barcelona: Ediciones Urano, 2003.
2. CORTES, P. Como passar dos 100. Já há quase 25 mil centenários no Brasil. Qual é o segredo? São Paulo, *Época*, 13 de março de 2006.
3. PEETERS, F.; NICHOLSON, N. A.; BERHOF, J. Cortisol responses to daily events in major depressive disorder. *Psychosomatic Medicine* 2003, 65:836-841.
4. LAI, J. C.; EVANS, P. D.; NG. S. H. e cols. Otimism, positive affectivity, and salivary cortisol. *British Journal of Health Psychology* 2005, 10:467-484.
5. MIRESCU, C.; GOULD, E. Stress and adult neurogenesis. *Hippocampus* 2006, 16:233-238.
6. EMANUELE, E.; POLITI, P.; BIANCHI, M. e cols. Raised plasma nerve growth factor levels associated with early-stage romantic love. *Psychoneuroendocrinology* 2006, 31:288-294.
7. ROJAS MARCOS, L. *La fuerza del optimismo.* Madri: Santillana Ediciones, 2005.
8. PETERSON, C.; SELIGMAN, M. E.; YURKO, K. H. e cols. Catastrophizing and ultimately death. *Psychological Science* 1998, 9:127-130.
9. SCHEIER, M. F.; MATTHEWS, K. A.; OWENS, J. F. e cols. Optimism and rehospitalization after coronary artery bypass graft surgery. *Archives of Internal Medicine* 1999, 159:829-835.
10. GILTAY, E. J.; GELEIJNSE, J. M.; ZITMAN, F. G. e cols. Dispositional optimism and all-cause and cardiovascular mortality in a perspective cohort of elderly Dutch men and women. *Archives of General Psychiatry* 2004, 61:1126-1135.

11. WINTERLING, J.; WASTESON, E.; SIDENVALL, B. e cols. Relevance of philosophy of life and optimism for psychological distress among individuals in a stage where death is approaching. *Supportive Care in Cancer* 2006, 14:310-319.
12. SOLBERG, L.; SEGESTROM, S. C.; SEPHTON, S. E. Engagement and arousal: optimism's effects during a brief stressor. *Personality and Social Psychology Bulletin* 2005, 31:111-120.
13. STEINERT, E. On prescribing happiness. *Family Medicine* 2005, 37:663-664.
14. FROMM, E. *La atracción de la vida*. Aforismos e opiniones. Barcelona: Paidós, 2003.
15. HERSHBERGER, P. J. Prescribing happiness: positive psychology and family medicine. *Family Medicine* 2005, 37:630-634.
16. SHAW, J. *Icebergs in Africa*: a wellness journey through the visible and the invisible. Cidade do Cabo: Kima Global Publishers, 2004.
17. PANAGIOTAKOS, D. B.; CHRYSOHOOU, C.; PITSAVOS, C. e cols. Forty years (1961-2001) of all-cause and coronary heart disease mortality and its determinants: the Corfu cohort from the Seven Countries Study. *International Journal of Cardiology* 2003, 90:73-79.
18. MATTHEWS, K. A.; RÄIKKÖNEN, K.; SUTTON-TYRRELL, K. e cols. Optimistic attitudes protect against progression of carotid atherosclerosis in healthy middle-aged women. *Psychosomatic Medicine* 2004, 66:640-644.
19. KUBZANSKY, L. D.; SPARROW, D.; VOKONAS, P. e cols. Is the glass half empty or half full? A prospective study of optimism and coronary heart disease in the Normative Aging Study. *Psychosomatic Medicine* 2001, 63:910-916.

20. SEARS, S. F.; LEWIS, T. S.; KUHL, E. A. e cols. Predictors of quality of life in patients with implantable cardioverter defibrillators. *Psychosomatics* 2005, 46:451-457.
21. KELLONIEMI, H.; EK, E.; LAITINEN, J. Optimism, dietary habits, body mass index and smoking among young Finish adults. *Appetite* 2005, 45: 169-176.
22. KOLATA, G. Estrés y cáncer, una sospecha que no cesa. *El País*, 3 de janeiro de 2006.
23. SEGERSTROM, S. C. Optimism and immunity: do positive thoughts always lead to positive effects? *Brain, Behavior, and Immunity* 2005, 19: 195-200.
24. SCHOU, I.; EKEBERG, O.; SANDVIK, L. e cols. Multiple predictors of health-related quality of life in early stage breast cancer. Data from a year follow-up study compared with the general population. *Quality of Life Research* 2005, 14:1813-1823.
25. SCHOU, I.; EKEBERG, O.; RULAND, C. M. e cols. Pessimism as a predictor of emotional morbidity one year following breast cancer surgery. *Psycho-Oncology* 2004, 13:309-320.
26. DEIMLING, G. T.; BOWMAN, K. F.; STERNS, S. e cols. Cancer-related health worries and psychological distress among older adult, long-term cancer survivors. *Psycho-Oncology* 2006, 15:306-320.
27. RUBIN, G. J.; CLEARE, A.; HOTOPF, M. Psychological factors in postoperative fatigue. *Psychosomatic Medicine* 2004, 66:959-964.
28. CHAN, A. O. O.; CHENG, C.; HUI, W. M. e cols. Differing coping mechanisms, stress level and anorectal physiology in patients with functional constipation. *The World Journal of Gastroenterology* 2005, 11:5362-5366.

29. YLÖSTALO, P. V.; EK, E.; KNUUTTILA, M. Coping and optimism in relation to dental health behavior: a study among Finish young adults. *European Journal of Oral Sciences* 2003, 111:477-482.
30. EBRECHT, M.; HEXTALL, J.; KIRTLEY, L.G. e cols. Perceived stress and cortisol levels predict speed of wound healing in healthy mate adults. *Psychoneuroendocrinology* 2004, 29:798-809.
31. FERGUSON, W. *Happiness*™. Barcelona: Emecé, 2002. [Edição brasileira: *Ser feliz*®. São Paulo: Companhia das Letras, 2003.]
32. Seligman, M. E. P. *What you can change*: and what you can't — learning to accept who you are. Nova York: Fawcett Books, 1995.
33. BROCKMAN, J. *The third culture*. Nova York: Simon & Schuster, 1996.
34. MARÍN, K. Entrevista com Valentín Fuster, cardiólogo. *El País*, 2 de abril de 2006.
35. ROJAS, E. *El hombre light*. Buenos Aires, Planeta, 2004.
36. Honoré, C. *Devagar*: como um movimento mundial está desafiando o culto da velocidade. Rio de Janeiro: Record, 2005.
37. PUNSET, E. *Viaje a la felicidad*: Las nuevas claves científicas. Barcelona: Ediciones Destino, 2005. [Edição brasileira: *Viagem para a felicidade*. São Paulo: Academia da Inteligência/Planeta, 2007.]
38. LABORIT, H. *Introducción a una biología del comportamiento*: La agresividad desviada. Barcelona: Ediciones Península, 1975.
39. LANGENS, T. A.; STUCKE, T. S. Stress and mood: the mod-

erating role of activity emotion. *Journal of Personality* 2005, 73:47-78.
40. Esch, T.; Stefano, G. B. Love promotes health. *Neuroendocrinology Letters* 2005, 26:264-267.
41. Tobeña, A. *El cerebro erótico*. Barcelona: Libros de la Esfera, 2006.
42. Yilmaz, E.; Ozcan, S.; Basar, M. e cols. Music decreases anxiety and provides sedation in extracorporeal shock wave lithotripsy. *Urology* 2003, 61:282-286.
43. Nilsson, U.; Rawal, N.; Unosson, M. A comparison of intra-operative or post-operative exposure to music — a controlled trial of the effects on postoperative pain. *Anaesthesia* 2003, 58:699-703.
44. Jausovec, N.; Habe, K. The influence of Mozart's Sonata K. 448 on brain activity during the performance of spatial rotation and numerical tasks. *Brain Topography* 2005, 17:207-218.
45. Stefano, G. B.; Zhu, W.; Cadet, P. e cols. Music alters constitutively expressed opiate and cytokine processes in listeners. *Medical Science Monitor* 2004, 10:MS18-27.
46. Schwarz, L.; Kindermann, W. Changes in beta-endorphin levels in response to aerobic and anaerobic exercise. *Sports Medicine* 1992, 13:25-36.
47. Esch, T.; Guarna, M.; Bianchi, E. e cols. Commonalities in the central nervous system's involvement with complementary medical therapies: limbic morphinergic processes. *Medical Sciences Monitoring* 2004, 10:MS6-17.
48. Gutkowska, J.; Jankowski, M.; Mukaddam-Daher, S. e cols. Oxytocin is a cardiovascular hormone. *Brazilian Journal of Medical and Biology Research* 2000, 33:625-633.
49. Uvnas-Moberg, K. Oxytocin linked antistress effects —

the relaxation and growth response. *Acta Physiologica Scandinavica* 1997, 640(supl.):38-42.
50. WHOQOL SRPB Study. A cross-cultural study of spirituality, religion and personal beliefs as components of quality of life. *Social Sciences and Medicine* 2006, 62:1486-1497.
51. CHRISTIE, W.; MOORE, C. The impact of humor on patients with cancer. *Clinical Journal of Oncology Nursing* 2005, 9:211-218.
52. LEE, K. W.; KIM, E. J.; LEE, H. J. e cols. Cocoa has more phenolic phytochemicals and a higher antioxidant capacity than teas and red wine. *Journal of Agriculture and Food Chemistry* 2003, 51:7292-7295.
53. STEINBERG, F. M.; BEARDEN, M. M.; KEEN, C. L. Cocoa and chocolate flavonoids: implications for cardiovascular health. *Journal of the American Dietetic Association* 2003, 103:215-223.
54. BUIJSSE, B.; FESKENS, E. J. M.; KOK, F. J. e cols. Cocoa intake, blood pressure and cardiovascular mortality. *Archives of Internal Medicine* 2006, 166:411-417.
55. GILTAY, E. J.; KAMPHUIS M. H.; KALNIJM, S. e cols. Dispositional optimism and the risk of cardiovascular death. *Archives of Internal Medicine* 2006, 166:431-436.

Agradecimentos

É difícil definir com precisão quando um livro começa a ser escrito, ou qual é a idéia inicial que — como um *big bang* impulsionador qualquer — evoluirá até se transformar no texto e nas imagens que finalmente saem da gráfica e chegam ao leitor. No caso de *Otimizar a vida*, imagino que conviver durante minha infância e adolescência com o meu tio-avô *Carles* — "a pessoa mais cinza que existe", na opinião unânime dos outros familiares —, exerceu esse efeito seminal, por simples oposição de caracteres.

Quando mandei uma mensagem para Tony de Moya da República Dominicana (*La Hispaniola*, como ele gosta de chamá-la) e lhe expliquei que estava trabalhando em um livro sobre otimismo, respondeu com a frase: "Se otimismo e otimizar têm a mesma raiz, então se trata de extrair todo o sumo da vida". Sem saber, estava me dando uma dica para o título do livro e justificava o esqueleto do texto.

Eu e o editor Jordi Nadal nos conhecemos em algum momento de 1981, sentados em um veículo militar blindado e com um fuzil entre as pernas, situação adversa que tentávamos superar falando de Marcel Proust e de Malcolm Lowry. Para além da amizade — ou talvez justamente por ela —, Jordi me propôs escrever um texto sobre otimismo e saúde para a nova coleção *AlientaOtimiza*. Agradeço-lhe profundamente a oportunidade que me deu, assim como o fato de ter confiado cegamente em uma idéia. Além disso, Jordi conseguiu transmitir seu entusiasmo a Alexandre Amat — diretor-geral — e à maravilhosa equipe de pessoas que colaboram com eles: Carmem García-Trevijano, Ángels Balaguer, Cati Ferrán, Sandra Naharro, Rocío Carmona, Cristina Luna e Amaiur Fernández. Obrigado a todos por acreditarem no projeto. Agradeço a Pascoal Soto e César González, da Planeta do Brasil, que me receberam com os braços abertos e tornaram possível esta edição. E, naturalmente, a Sandra Martha Dolinsky, por seu magnífico trabalho; tenho certeza de que traduz, mas não trai.

Álex Rovira está nos abrindo caminhos na selva frondosa da vida com seus artigos em *El País Semanal* ou com livros como *La brújula interior* ou *A boa sorte* (este, escrito com Fernando Trías de Bes). Sou muito agradecido a ele por ter se oferecido para escrever o prólogo e por suas maravilhosas e lúcidas palavras.

Com Pablo e Joan Odell houve sintonia imediata. Ambos são o núcleo da Pensódromo, a agência que colocou a imaginação, a técnica e a estética para desenvolver a página da web www.albertfigueras.com, o espaço virtual que permite que *Otimizar a vida* evolua, cresça e continue singrando os mares interativos.

Muitos conhecidos, amigos e colegas de trabalho, tanto em Barcelona como em outros países, contribuíram sem saber com este livro. *Otimizar a vida* seria diferente sem suas conversas, sua disponibilidade e seus pontos de vista. Agradeço a Joan-Ramon Laporte por esses vinte anos em que foi meu professor;

ele me ensinou, dentre outras muitas coisas, a andar pela América Latina, a conhecer sua política social e os problemas de saúde, e a ser crítico com a inércia institucional. A Mabel Valsecia, incansável promotora do uso racional dos medicamentos na Argentina, agradeço várias horas de conversa amena e suas fotos. Eles também não sabem, mas estão aqui os que me deixam rir com eles, que me dão um pedaço de chocolate de vez em quando, ou os colegas de trabalho com quem tomo o café-da-manhã a cada dia. Obrigado a todos.

Algumas pessoas tiveram a paciência de ler versões prévias do manuscrito ou fragmentos dele. Fizeram críticas construtivas e suas sugestões melhoraram o texto inicial que lhes confiei. Foram Mònica Figueres, Elena Ballarín, Jordi Nadal, Thaïs Baleeiro e Mònica Barnés. Não é tarefa fácil, e lhes agradeço a franqueza.

Uma vez, Francesca Suñé, minha mãe, me ensinou que, se erguermos os olhos do chão, poderemos ver as belas varandas e entalhes das fachadas dos edifícios de Barcelona. Jordi Grau me ensinou tanto a rir quanto a rir de mim mesmo. Obrigado aos dois, porque ambas as lições me foram muito úteis.

Maria e Martí ouviram pacientemente fragmentos deste livro, que surgiram como um diálogo com eles, freqüentemente em resposta a alguma pergunta inteligente que me faziam durante os trajetos de carro ou na hora da refeição. Eles, assim como Beatriz e Ricardo, fazem parte da geração adolescente — os que deverão se destacar. Obrigado por serem o pretexto e a oportunidade para seguir adiante, para ampliar conhecimentos, para rir.

O homem é um ser necessariamente aeróbio. Thaïs Baleeiro foi o oxigênio destes últimos anos.

A Editora Academia de Inteligência, agora associada à Editora Planeta do Brasil, agradece muito especialmente a você que, como poeta da vida, tem difundido nossos livros aos amigos, parentes, na sua empresa. Receberemos com muito prazer toda e qualquer mensagem, comentário, opinião, que julgue oportunos.
Teremos o nosso sonho realizado se soubermos que sua vida ganhou um novo significado a partir da leitura deste livro.

Visite nossos sites:

Planeta

Academia de Inteligência

www.editoraplaneta.com.br

www.academiadeinteligência.com.br

Este livro foi composto em Janson Text
para a Editora Academia de Inteligência
em janeiro de 2007.